基于大数据时代管理会计的发展研究

程玲　陈芳　刘晔　著

中国出版集团

中译出版社

图书在版编目（CIP）数据

基于大数据时代管理会计的发展研究 / 程玲，陈芳，
刘晔著 . -- 北京 ： 中译出版社，2022.1（2022.6重印）
ISBN 978-7-5001-6877-5

Ⅰ . ①基… Ⅱ . ①程… ②陈… ③刘… Ⅲ . ①管理会
计－研究 Ⅳ . ① F234.3

中国版本图书馆 CIP 数据核字（2021）第 270049 号

出版发行 / 中译出版社
地　　址 / 北京市西城区新街口外大街 28 号普天德胜大厦主楼 4 层
电　　话 /（010）68359827（发行部）　53601537（编辑部）
邮　　编 / 100044
传　　真 /（010）68358718
电子邮箱 / book@ctph.com.cn

责任编辑 / 王　滢
封面设计 / 摘星创意

印　　刷 / 三河市明华印务有限公司
经　　销 / 新华书店

规　　格 / 787 毫米 ×1092 毫米　1/16
印　　张 / 9.25
字　　数 / 207 千字
版　　次 / 2022 年 1 月第一版
印　　次 / 2022 年 6 月第二次

ISBN 978-7-5001-6877-5　　定价：68.00 元

多元化的数据涌现，给人们的日常生活与工作带来了更多的机遇，同时也带来了众多挑战。如何应对这些数据给人们带来的机遇与挑战，成为人们越来越关注的话题；如何在海量的数据中进行分析挖掘，筛选有利的信息，成为人们迫切需要解决的问题；如何运用互联网信息数据开发设计软件，并使之服务于人们的生产生活，成为大数据运用的核心议题，也成为数据发展的趋势。大数据技术的发展与应用，将对社会的组织结构、经济的运行机制、社会的生活方式、企业的决策架构、商业的业务策略以及个人的生活、工作和思维方式等产生深远的影响。企业、政府和社会逐渐渗透到互联网环境中，使人们的生活环境和生活方式向数字化、网络化方向迈进。数据逐渐被应用于各个行业领域，这成为人类历史上又一巨大变革。

　　本书将大数据时代作为研究背景，与管理会计的相关研究相结合，分析了管理会计的相关发展问题。以期为我国管理会计发展研究做出一定的贡献。

　　本书一共分为八章内容，第一章对大数据概念进行系统阐述；第二章对大数据的管理和治理体系进行了阐述；第三章对"互联网+"时代的财务管理观念与理念的创新进行阐述；第四章阐述了大数据时代管理会计信息化萌芽；第五章阐述了大数据时代管理会计信息化发展；第六章分析了大数据时代会计信息质量的发展；第七章分析了大数据时代预算及其管理问题；第八章对管理会计信息化未来发展趋势进行了阐述。通过系统论述大数据时代的管理会计发展，以期为新时期的管理会计发展提供参考。

　　由于作者研究水平和时间有限，书中难免存在疏漏之处，望读者朋友批评指正。

作　者

2021 年 9 月

CONTENTS 目录

第一章

大数据概述

21世纪，大数据时代已经慢慢地到来。大数据的特点是种类繁多、规模庞大、信息生成速度快，并且具有极高的价值。本章主要是对大数据做一个概括，追溯了大数据的来源与发展，讲述了大数据的概念、特征与类型，并且在当前大数据的发展情况下，对大数据的未来趋势进行了描述。

第一节　大数据的来源

一、大数据的来源与发展

（一）大数据的产生来源

在人类历史上，从未有哪一个时代像今天这样拥有巨大的数据，取之不尽，用之不竭，并且这些数据的产生没有限制，并不会像过去一样受到时间和空间的约束。大数据的产生，无论是对于科学技术的进步，还是对于信息技术的发展，都是值得庆祝的事情。从开始采用数据库作为数据管理的主要方式开始，人类社会的数据演变经历了被动、主动和自动三个阶段，由此产生了最终的大数据。

1.运营式系统阶段

数据库的产生降低了数据管理的难度，数据库基本上都是被运营式系统所采用，以此来当作运营式系统的数据管理子系统。例如，超市里面的销售记录系统、银行的交易记录系统、医院病人的医疗记录等。对于人类社会来说，这个阶段的数据量是在数据库的基础上产生的，因为数据库的管理，让巨大的数据得以运营。这个阶段的主要特点是：数据都会跟随着一定的运营活动而产生并记录在数据库之中，如超市的售货记录，在超市里每售出一件产品，数据库中都会记录相应的数据，不过这种数据产生的方式是被动的。

2. 用户原创内容阶段

在运营式系统阶段之后，由于互联网的诞生，让人类社会的数据量得到了第二次飞跃。在这个阶段，科学技术迅猛发展，出现了新型的社交网络应用（微博、微信等），微博、微信等用户量迅速地上升，促使人们主动在互联网上发表自己的意见；智能手机、平板电脑等新型移动设备的出现，也为人们随时随地在网上发表自己的观点提供了条件，这个阶段数据产生的方式是主动的。

3. 感知式系统阶段

在经过前两个阶段之后，人类社会数据量第三次大的飞跃最终导致了大数据的产生。这个阶段数据产生的方式是自动的，随着科学技术的发展出现了诸如传感器之类的设备，这些设备广泛地被布置于社会的各个角落，它们可以随时随地地产生数据，这个阶段促成了大数据的出现。这种数据产生的方式是自动的。

（二）大数据的产生原因

分析大数据的产生来源可以知道，大数据的产生主要是来自以下几个方面。

1. 数据存储成本的降低

大数据产生的重要前提是数据存储成本的大幅降低、存储硬件体积的日益减小。在早期，英特尔（Intel）创始人之一戈登·摩尔（Gordon Moore）提出著名的摩尔定律，在当时引起了广泛关注。摩尔定律是指，当价格保持固定时，大约每隔 18 ～ 24 个月，集成电路上元器件的数目便会增加一倍，其性能也将提升一倍，换句话说，每隔 18 ～ 24 个月，花同样多的钱所能买到的电脑性能至少翻一倍。

自摩尔定律产生至今已有半个世纪，半个多世纪以来，计算机硬件的发展规律基本符合摩尔定律，可以发现，硬件的处理速度、存储能力不断提升，与此相对应的是，硬件的价格不断降低。

除此之外，随着计算机硬件价格的逐步降低，计算机的体积也发生了变化，慢慢地变小，发展成今天可以随身携带的笔记本电脑。在前些年，英特尔公司发布了 14 纳米的晶体管，这比 21 纳米的晶体管体积缩小了 1/3，并且 14 纳米的晶体管在价格上更便宜、更节能、更环保。2021 年，芯片厂商台积电已经能生产 5 纳米的晶体管，未来晶体管体积还会进一步缩小。

由于存储器的价格下降速度飞快，人们才得以廉价保存海量的数据；由于存储器的体积越来越小，人们才可以便捷地携带海量的数据。这为大数据的收集带来方便，也在一定程度上促进了大数据时代的到来。

2. 生活的数字化驱动

物联网是新一代信息技术的重要组成部分，它的出现决定了物与物、人与物、人与人之间的互联。从本质上来说，因为物联网使得数据从主动式变为自动式，而大数据真正产生的原因正是由于人们生活中自动式数据的产生。

原本，人与机器之间、机器与机器之间的相互联系，就是要满足人与人之间的信息互动。在这种信息交互的过程中，因为需要对一些实际问题进行处理，所以逐步地由信息传送到信息感知再到面向分析处理的应用，人们在生活中所面对的各种各样的信息，都需要传送到数据中心，经过数据中心的分析处理，得到结果后，再通过互联网等通信网络把这些信息传送到各处。对于互联网终端的设备，可以运用传感器等设备提取信息，选择自己想要了解的数据。

现在，物联网应用在许多行业之中，如智能工业、智能农业、智能交通、智能电网、节能建筑、安全监控等。在应用的过程中需要借助传感器等微小计算设备实现无处不在的数据自动采集，这也意味着人们的数据收集能力的提高，为大数据的产生提供了技术上的支持。

3. 社交网络的飞速发展

早些年社交媒体相继问世，脸书（Facebook）、推特（Twitter）等受到大家的关注，这也意味着 Web2.0 时代的到来。进入 Web2.0 时代之后，人们对于互联网的运用越来越频繁，人们越来越多地利用互联网交流互动。而真正的数据爆发就产生于 Web2.0 时代，Web2.0 时代最重要的标志就是用户原创内容。

在互联网时代，无论是机器、企业还是个人都需要获取数据，相对应地，也就会产生新的数据。互联网的搜索巨头（谷歌）所处理的网页数量是无法计算的，每月所处理的数据超过 400PB，并在这个基础上逐步增长；大家所熟悉的视频网站优酷网，每天都会上传 7 万小时的视频……以上全部的数据，其实都是海量数据的表现。

网络的普及与高速发展更为各种数据提供了集散场所，为数据生成的自动化、信息储存与传输的低成本化奠定了基础。或者可以这么认为，基础准备好了，大数据时代也就到来了。

伴随着信息技术的发展，社交网络也日趋成熟，传统的互联网也发生了改变，逐步向移动互联网发展。计算机、手机以及平板电脑等移动客户端，以及很多更先进的传感设备或智能设备，产生的数据量是无法计算的，其增长速度也是无法想象的，互联网时代所带来的数据流量正在迅猛地增长。

二、大数据的发展

（一）大数据应用的发展

现在大数据正在广泛运用，它存在于我们生活的方方面面，这给大数据问题的解决带来很多挑战。当然，大数据的广泛应用，使得很多学者和专家对大数据的研究越来越频繁。下面对大数据发展中出现的一些大事件进行举例说明。

Hadoop 最开始是一个来自谷歌的编程模型包，其名称为 MapReduce。在设计之初，只是为了网页索引，被 Apache 软件基金会引入并成为分布式系统基础架构。用户在没有清楚地知道分布式底层细节的情况下，Hadoop 能够帮助用户开发分布式程序，充分发挥 Hadoop 集群的能力进行高速度的运算和存储，从而以一种可靠、高效、可伸缩的方式进行数据处理。Hadoop 框架最核心的设计就是 HDFS 和 MapReduce，HDFS 为海量的数据提供了存储，而 MapReduce 为海量的数据提供了计算。

起初，许多科学家和工程师都认为"大数据"特别可笑，觉得这只不过是一个营销术语。在前些年，"大数据"得到了部分美国知名计算机科学研究人员的认可，在业界范围内组织了计算社区联盟（Computing Community Consortium），并发表了题为《大数据计算》的白皮书，其肯定地表明了大数据的应用会带来更多机遇和挑战。

2009 年，美国前总统贝拉克·奥巴马（Barack Hussein Obama）政府推出 data.gov 网站，作为政府开放数据计划的部分举措。这一网站自推出之后就得到广泛的使用，拥有超过 4.45 万的数据量集。在这一类网站以及智能手机的应用程序中，可以追踪航班、召回一些具有质量问题的产品以及跟踪特定区域内失业率等信息。这一行动的推行给英国、肯尼亚等政府带来启示，他们相继推出了类似的措施。

2010 年，肯尼斯·库克尔（Kenneth Cukier）在《经济学人》上发表了长达 14 页的大数据专题报告《数据，无所不在的数据》。在报告中库克尔表示，世界上有着无法想象的巨量数字信息，并以极快的速度增长。从经济界到科学界，从政府部门到艺术领域，很多方面都已经受到这种巨量信息的影响。这也间接地表明，科学家和许多学者已经为这个现象做出了解释，把巨量数字信息命名为"大数据"。

2011 年，如果你想要扫描 2 亿页的信息或 4 兆兆字节的磁盘存储，只需要几秒钟就可以完成，而不是像过去花费那么多的时间。与此同时，IBM 的沃森计算机系统在智力竞赛节目《危险边缘》中打败了两名人类挑战者，《纽约时报》称这一刻为"大数据计算胜利"的时刻。

在同年，英国《自然》杂志曾出版专刊表明，如果人类能够很好地利用大数据，这将会给人类带来更多有益的成果，人类也会得到更多的机会去掌握科学技术，有利于社会的发展。

2012 年，瑞士达沃斯召开的世界经济论坛的主题之一就是大数据，并且还发表了题为《大数据，大影响》的报告。报告中表示，现在数据已经成为一种新的经济资产类别，就像货币或黄金一样。

在同一年，美国政府报告中表示，每个联邦机构都要有一个与"大数据"有关的策略，为了响应此号召，奥巴马政府宣布了一项耗资两亿美元的大数据研究与发展项目。

软件公司 Splunk 在美国纳斯达克的成功上市，成为第一家上市的大数据处理公司。在此之前，受经济危机的影响，美国经济持续衰败，股市也受到巨大的波动，Splunk 在上市后的第一天就表现得非常出色，令人印象深刻。

后来美国国务卿希拉里·克林顿（Hillary Diane Rodham Clinton）宣布了一个名为"数据2X"的公私合营企业，用来收集统计世界各地的妇女和女童在经济、政治和社会地位方面的信息。

2014年，世界经济论坛以"大数据的回报与风险"为主题发布了《全球信息技术报告（第13版）》。报告的观点是，在以后的几年里，面对各种信息通信技术的政策将会变得越来越重要。与大数据有关的产业开始变得越来越活跃，技术在逐步发展，创新也在逐步推广中，这使得许多国家的政府都意识到大数据的重要性，大数据有利于经济的发展、还能够促使人们生活水平的提高，更加重要的是大数据还可以保障国家安全。在2014年5月，美国白宫发布了2014年全球"大数据"白皮书的研究报告《大数据：抓住机遇、守护价值》。在报告中，美国鼓励各个部门积极地使用大数据，以此来推动社会的进步，建立市场与大数据相关联的机构；与此同时，还需要相应的框架、结构与研究，通过这种方式来保护美国人的个人隐私，保证公平。

现在，以互联网巨头推动为主的大数据应用，无论是对促进经济社会发展，还是对保障国家安全，都扮演着十分重要的角色。然而，作为国家经济基石的传统产业仍游离在大数据应用之外，这表明大数据应用之路才刚刚开始。

在当今社会，大数据如影随形，它是一场革命，能够改变人类的生活、工作以及思维方式。如此巨大的数据来源，已经引起了学术界、企业界和政府的广泛关注，他们致力于大数据更新的研究。

（二）大数据技术的发展

大数据技术是一种新一代的技术和构架，它的成本比较低，能够快速地采集、处理和分析技术，在数以万计的数据中选择有价值的信息。大数据技术的发展以及广泛应用，让大家能够更简单、更方便、更快捷地处理数据，并且在大数据的影响下，能够改变许多行业的商业模式。因此，可以将大数据技术的发展分为以下几个方向。

1. 大数据采集与预处理方向

这个方向有一个普遍性的问题，那就是数据的多源和多样性，造成的后果就是数据的质量存在差异，这就会给数据的可用性带来问题。根据这些问题，我们可以发现，现在许多公司都已经推出了多种数据清洗和质量控制工具，如IBM的Data Stage。

2. 大数据存储与管理方向

大数据的数量是无法想象的，这给存储和管理带来了问题。存储规模的巨大、管理的复杂，就需要研究者想方设法地解决问题，而分布式文件系统和分布式数据库相关技术的发展就可以处理这些问题。面对大数据存储和管理方向，需要特别注意的是，大数据索引和查询技术、实时及流式大数据存储与处理的发展。

3. 大数据计算模式方向

因为大数据处理多样性的要求，现在已经出现了多种典型的计算模式，这些计算模式涉及的内容众多，例如，大数据查询分析计算或批处理计算，还有流式计算或迭代计算，图计算和内存计算，当然也可以将这些计算模式结合起来，这对大数据处理具有重要的意义。

4. 大数据分析与挖掘方向

现在大数据的应用越来越广泛，数据也随之迅速地增长，在对数据进行应用的同时，还需要对其进行分析与挖掘。现在大数据也能进行自动化分析，并且对自动化分析的要求越来越高，工程师们制造了许多大数据分析工具和产品，例如基于 MapReduce 开发的数据挖掘算法。

5. 大数据可视化分析方向

对众多繁杂的数据信息进行可视化分析，能够帮助决策者发现数据挖掘的价值，还可以推动大数据的发展。针对可视化分析，现在许多公司都在进行研究，致力于将可视化分析与数据结合在一起，众多相关的产品也会应运而生，例如成功上市的可视化的工具 Tableau。

6. 大数据安全方向

现在，生活的方方面面都需要大数据，大数据在迅速地增长，与此相对应的是，这也带来了数据的安全问题。一方面因为大数据众多，更容易在网络上被发现；另一方面有些大数据较有价值，会吸引攻击者破坏数据信息。当我们利用大数据进行数据分析与挖掘来获取商业价值时，也可能会引起黑客的注意，从而攻击我们，截取信息。所以，大数据的安全是大家非常关心的话题。可以利用文件访问控制去限制对数据的操作、基础设备加密、匿名化技术和加密保护技术等，以最大限度地保护数据安全。

第二节　大数据的概念、特征与类型

一、大数据的概念

大数据是一个比较宽泛的概念，如果只是从最浅析的意思来理解，可能就是信息繁多、规模庞大。然而，如果只是从数量上的庞大分析，是无法看出大数据和以往的"海量数据"有什么不同。目前学者和专家并没有给大数据一个统一的概念。百度百科中对大数据的定义是，大数据也可以称为巨量资料，它主要指的是包含的资料量巨大到无法通过目前主流软件，在合理时间内获取、处理，并整理成可以帮助企业管理、处理的信息。

维基百科中对大数据的定义是，大数据的信息量是巨大的，人们根本不能利用某些工具在规定时间内去处理、管理并且把各种各样的数据整理成人们所需要的信息。其实说的就是，大数据是一个极其庞大的数据集，这种数据集不能采用传统的方法进行处理。

　　根据美国国家标准与技术研究院（National Institute of Standards and Technology, NIST）发布的研究报告的定义，大数据是现在人们常用的词语，在网络时代、数字时代、信息化时代的今天，大数据无处不在，在我们生活的许多方面都可以看到大数据的影子。现在的海量数据使之前无法解决的问题，都能够慢慢地得到解决。

　　研究机构 Gartner Group 也给出了自己的理解：运用传统工具无法处理的信息，可以采用大数据完成，也就是大数据需要新的处理模式，才可以富有强大的决策能力、发现能力以及优化各个流程的能力，才能获取多样化的信息。

　　麦肯锡公司给出的定义是，传统的数据库对于信息的获取、存储、处理和分析的能力，已经无法满足信息量日益发展的今天，使用大数据却可以摆脱传统的数据形式，拥有超大的信息，规模庞大到无法想象。伴随着科学技术的迅速发展，对于大数据的信息需求也会随之产生变化；并且这个定义在不同的行业也会发生一定的变化，这取决于一个特定行业通常使用何种软件和数据集有多大。所以，在今天不同的行业中，大数据的量是不同的，其范围可以从几十 TB 到几 PB。

　　大数据的概念特别广泛，每个人对大数据都有自己的理解。在前面的观点中加上作者自己的理解，给出的解释是：大数据是在体量和类别特别大的杂乱数据集中，发掘隐藏在更深处的有价值的信息。一方面需要注重大数据数量之大，"大"其实只是一个表面的含义；另一方面，需要更加注重对"数据"的分析和应用，将有价值的数据充分应用，这才是学者们应该着重关注的。

　　大数据其实是一个从量变到质变的转化过程，它代表着在现实生活中，无论是在经济方面，还是在社会实践方面，数据作为一种资源都发挥着重要的作用，与之有关的技术、产业、应用都会相互影响、共同前进。从技术角度进行理解，大数据形成质变以后会出现一些新的问题，也就是数据从静态变为动态，从简单的多维度变成巨量维度，并且其种类变得越来越多，现在的分析方法和技术已经不能满足这种数据应用。这些数据的采集、分析、处理、存储、展现都涉及高维复杂多模态计算过程，涉及异构媒体的统一语义描述、数据模型、大容量存储建设，涉及多维度数据的特征关联与模拟展现。

二、大数据的特征

　　现在，大家比较一致的理解就是互联网数据中心对大数据的定义，从这个定义中可以分析出大数据的基本特征是规模性（Volume）、多样性（Variety）、高速性（Velocity）、价值性（Value），也就是经常说的 4V 特性。

（一）规模性

　　根据 TechWeb 的报道，在一天之内，互联网上所产生的全部信息量，能够刻 1.68 亿张光盘；可以发出 2940 亿封邮件；发出的社区帖子能够达到 200 万个，这个数字是美国《时代》杂志七百七十年的文字总量；如果 1.72 亿人登录 Facebook，一共需要的时间是

47 亿分钟，在上面要传送 2.5 亿张图片，把这些图片全部打印出来，差不多有 80 座巴黎埃菲尔铁塔的高度。全球数据量已经从 TB（1024GB=1TB）级别跃升到 PB（1024TB=1PB）、EB（1024PB=1EB）乃至 ZB（1024EB=1ZB）级别。当然，数据量的变化只是最初阶段，更大的规模还在后面。IDC 预测，未来几年，全球数据量每隔两年翻一番，预计 2025 年全球大数据市场 IT 投资规模超过 3500 亿美元。中国大数据市场 2021 年整体规模超 110 亿美元，且有望在 2025 年超过 250 亿美元，呈现出强劲的增长态势。

（二）多样性

现代社会的传感器、智能设备还有其他的社会技术，都在与日俱增，不知道何时就会出现新的技术。在这种大环境下，企业的数据也就变得日益复杂，因为这牵涉的内容众多，不仅仅是传统的关系型数据，还有网页、搜索索引、电子邮件等原始、半结构化和非结构化数据。

所有的数据类型是可以用种类表示的。在这之中，爆发式增长的一些数据，如互联网上的文本数据、位置信息、传感器数据、视频等，如果是采用企业中主流的关系型数据，是很难进行操作的，它们都是非结构化数据中的一种。

自然，这些数据并非全新的，有一些是从过去保留下来的，有所不同的是，不仅仅需要对这些数据进行存储，还需要分析这些数据，从所有的信息内容中获取有价值的信息，如监控摄像机中的视频数据。现在，许多企业都设置了监控摄像机，如超市、便利店等，起初是为了防范盗窃，而现在企业利用监控摄像机的数据分析顾客的购买行为。

例如，美国高级文具制造商万宝龙，他们过去对顾客的分析都是根据经验和直觉来判断，以此决定商品如何布局，现在他们利用监控摄像头分析顾客在店内的消费行为，更好地对商品排列布局，吸引消费者。通过分析监控摄像机的数据，将最想卖出去的商品移动到最容易吸引顾客目光的位置，使得销售额提高了 20%。

（三）高速性

在信息时代，大数据的一个显著特征是数据产生和更新的速度，这个速度是无法形容的。就像搜集和存储的数据量和种类发生了变化一样，生成和需要处理数据的速度也在变化。不能把速度的定义，简单地认为是与数据存储相关的增长速率，应该动态地把这个概念应用到数据，即数据流动的速度。

现在，伴随着科学技术的发展，对数据智能化和实时性的要求越来越高，例如，在外出开车的时候，需要借助于导航仪查询路线；在吃饭之前通常需要先对餐厅做一个了解；很多人看到美食都会在微博、微信上展示……这些人与人之间、人与机器之间的信息交流互动，都会带来数据交换，在数据交换过程中最重要的一步是降低延迟，实时地呈现给用户。

（四）价值性

一般来说，大量的非传统数据中会含有一些很重要的内容，不过很麻烦的是，如何在万千的信息中选择出有意义的内容，之后提取这些数据进行分析，从中得到有价值的信息内容，然而有价值的内容信息往往只是很少的一部分。这就相当于沙里淘金，在大堆沙子中只存在一点点金子。现在，监控视频运用得越来越多，许多公共场所都装有监控设备，如银行、地铁等地点，并且这些地点的摄像头是 24 小时时刻运转，产生的视频数据也是很大的。通常这些视频数据是没有作用的，大家对此不会过多的关注，但是在某些特殊情况下，如公安部门需要获取犯罪嫌疑人的体貌特征，虽然有效的视频信息很短，但是却给公安人员带来极大的帮助。因为监控视频中不知道哪几秒是对大家有用的，所以需要全部保留下来，在以后可能就会发挥很大的作用。

　　然而，在研究人类行为的社会学家眼中，这些监控视频数据是很重要的资料，他们对其非常重视，从视频中某些表现可以发现人类的行为特征。因此，大数据的价值密度低是指相对于特定的应用，信息有效与否是相对的，数据的价值也是相对的，对于某一个应用，一些数据可能是没用的，但是在另一领域中，这些数据却是极其重要的。换一种思维理解，可以把这些数据重新组合和处理，之前没有发现的价值就可能被发现。

　　大数据与传统数据的概念是不同的，最明显的区别就在于大数据的 4V 特性。之前的"海量数据"概念只强调量，而大数据不仅仅是描述数据的量，还表现数据的规模、高速性以及复杂的形式，通过专业化的处理来获取有价值的信息。

三、大数据的类型

　　大数据不仅仅是数量众多、规模巨大，还表现在数据的类型上，在大量的信息内容中，只有大约 20% 的数据隶属于结构化数据，另 80% 隶属于分布在社交网络、物联网、电子商务等领域的非结构化数据。因为现在的技术产生的数据是当前的方法所处理不了的，而机器数据越来越重要，数据将会成为一种自然资源。

（一）按照数据结构分类

　　大数据按照数据结构分类可以划分为三类，即结构化数据、半结构化数据、非结构化数据。结构化数据是存储在数据库里可以用二维表结构来逻辑表达实现的数据。对于半结构化数据、非结构化数据是不适合用二维表结构来展现的。

　　1. 结构化数据

　　结构化数据指关系模型数据，换句话说，用关系型数据库来展示形式管理的数据。现在许多的企业都是采用这种方式存放数据。

　　2. 非结构化数据

　　与结构化数据相比，不适合用数据库二维逻辑表来表现的数据即为非结构化数据。非结构数据所涉及的方面也是比较广的，包含所有格式的办公文档、文本、图片、各类报表、图像等。

　　非结构化数据库指字段长度可以变化，每个字段的记录也可以由可重复的或不可重复的子字段构成的数据库。采用这种方法是比较方便的，一方面可以处理数字、符号等结构化数据，另一方面也可以处理文本、图像、视频等非结构化数据。

非结构化 Web 数据库主要是针对非结构化数据而产生的，与之前的关系数据库所不同的是，它不再局限于之前数据固定长度的问题，可以采用重复字段、子字段和变长字段的应用。利用这种方式，实现了对变长数据和重复字段进行处理及数据项的变长存储管理，如果处理全文信息内容和多媒体信息内容时，非结构化数据库表现出很明显的优势，这是传统的关系数据库所不能达到的。

3. 半结构化数据

半结构化数据指的是在完全结构化数据和完全非结构化数据之间的数据，这里的完全结构化数据指的是关系型数据库等信息，完全非结构化数据指的是声音、图像等信息，而 HTML 文档是归于半结构化数据中的，它一般是自行描述的，数据的结构与内容混在一起。

这种数据和前面的两种数据是不同的，它归属于结构化的数据，但是其结构变化又很大。采用非结构化数据处理的方式管理数据，需要从数据的细节出发，了解其深层的意义，因为这种类型的数据结构变化很大，也不能建立一个相对应的表格。

从实际上来说，结构化、半结构化以及非结构化数据之间的不同，只不过是根据数据的格式划分的。从真正意义上来说，结构化与半结构化数据都是有基本固定结构模式的数据，也就是所谓的专业意义上的数据。然而，把关系模型数据定义为结构化数据，这个定义比较笼统，对企业的数据管理是可行的，但是它的意义并不大。

除此之外，半结构化与非结构化数据和现在应用比较广泛的大数据之间只是在某些领域有相同的内容。从事实上来说，这中间并没有必然的联系。为什么现在许多人都认为大数据是半结构化和非结构化数据，主要还是因为大数据最先在这两个领域应用。

（二）按照产生主体分类

大数据按照产生主体分类可以划分为三类，即企业数据、机器数据、社会化数据。其中，企业数据主要指的是 CRM 系统里的消费者数据、传统的 ERP 数据等；机器数据主要指的是呼叫记录、智能仪表、设备日志、交易数据等；而社会化数据主要指的是用户的行为记录、反馈数据等。

1. 企业数据

前几年针对全球企业和消费者的存储量有了一个新的突破，全球企业的存储数据已经超过了 7000PB，全球消费者的存储数据已经超过了 6000PB，并且每一天都会有无数的数据被收集、交换、分析和整合。2017 年，企业的数据更新和产生都发生了巨大的变化。现在数据已经成为一大指向标，在经济领域中，大数据扮演了非常重要的角色。数据将会和企业的固定资产、人力资源一样，成为生产过程中的基本要素。

麦肯锡公司在研究报告《大数据：下一个创新、竞争和生产率的前沿》中表明，曾经在美国，仅仅是制造行业的数据就比美国政府的数据还多一倍，除此之外，在新闻业、银行业，还有医疗业、投资业，或者是零售业所拥有的数据，都可以和美国政府产生的海量数据相媲美。

这些繁多的数据表明，庞大的数据来源使得企业界发生了变化，企业每天都在产生和更新数据，数据已经成为企业的一部分。

2. 机器数据

机器数据指的是机器生产的数据，是大数据最原始的数据类型，主要包含的是软硬件设备生产的信息，这些数据主要有日志文件、交易记录、网络消息等，这些信息含有企业内所有的元素。

在大数据中，机器数据是增长比较快的一种数据，其所占的份额比例也比较大。在现代企业机构中，不管是什么规模都会产生巨大的机器数据，怎样管理数据，如何在万千数据中利用机器数据创造业务，是现代企业需要解决的一大问题。

信息至上的时代，大数据是不可或缺的，可以结合 IT 运维、系统安全、搜索引擎等一些比较独特的应用，实现大数据环境下机器数据的存储、管理、分析，这也是目前企业需要着重进行的内容。

3. 社会化数据

随着网络的流行，社交软件得到了广泛的应用。据中国互联网络信息中心（CNNIC）2021 年发布的报告显示，中国的网民已达 9.89 亿，手机网民占比达 99.2%。

社交软件上庞大用户群的登录会产生巨大的数据量，这些用户也会产生巨大的数据回馈，主要包括网络上的评论、视频、图片、个人信息资料等，让用户在媒体中分享自己的信息或评论他人的信息，也就被称为社会化数据。

与之前静态的、事务性数据相比，社会化数据更具有实时性和流动性的特点。现在人们会在社会化媒体软件上进行交流、购买、出售等活动，这些活动大多是免费的，由此产生大量的信息。这些数据是每个网民一点点积累而成，含有的价值也是不能忽视的。

（三）按照数据的作用方式分类

大数据按照数据的作用方式分类可以基本划分为三类，即交易数据、交互数据、传感数据。

1. 交易数据

交易数据指的是经过 ERP、电子商务、POS 机等交易工具所带来的数据。在具体的应用中，因为组织数据与互联网数据并没有合理地放在一起，各种海量的数据都混在一起，非常的杂乱，这就会使得数据不能得到有效的利用。针对这些问题，迫切需要更大的数据平台、快速有效的算法去分析、预测产生的交易数据，有利于企业充分地运用这些数据信息。

2. 交互数据

交互数据指的是微信、微博等社交媒体所产生的数据。现在社交网站越来越多，产生的数据量也越来越丰富，带动了以非结构化数据为主的大数据分析，使得企业对数据的要求更高，他们不再满足于点状的交易数据。举个例子，企业的产品卖掉了、顾客突然解约都是归于点状的交易数据，这种数据无法满足企业的发展，需要换一种线状的交换数据，如为什么这项产品卖掉了、顾客为什么突然解约等都属于线状的交换数据。

对于企业现在所处的环境来说，不仅需要企业现在的状况，还需要预测未来的发展前景，这就需要企业把分析方法从交易数据的形式向交互数据的形式发展。举个例子，亚马逊网站会根据网页的数据浏览量，来跟踪用户从进入到离开该网站的曲线和行为，其实就是在企业和用户之间建立一种交互数据的联系。如果多个用户都避开某一个网站，表明这个网站需要改善。

3. 传感数据

传感数据指的是 GPS、RFID、视频监控等物联网设备带来的传感数据。在科技日益发展的今天，微处理器和传感器变得越来越便宜，许多系统需要更新改善，全自动系统或半自动系统含有更多智能性功能，可以从这种大环境中获取更多的数据。现在许多系统中的传感器和处理器日益丰富，并且价格还在降低，企业中许多系统都在利用传感器系统。

第三节　大数据的未来发展趋势

科技在进步，生活水平在不断地提高，在获得方便的同时，也会将自己的信息暴露在大众的视野中。互联网不仅知道你是谁，还知道你喜欢什么，日常生活的主要活动是什么。每个人在互联网大数据时代都是透明的，在具体的活动中都会留下自己的痕迹。

在大数据时代，收集各种各样的数据，并针对这些繁多的数据进行分类分析，以此来获取影响未来信息的能力，从中也就可以看出大数据的特色。大数据存在于很多领域之中，卫星、汽车以及土壤中的各类传感器，都会产生大量的数据。如果能将大数据合理地整合利用，那将会创造出巨大的价值，无论是对个人还是对政府以及对社会，都是有极大帮助的。下面针对大数据面临的问题，分析大数据未来的发展趋势。

一、大数据面临的问题

（一）数据问题

企业在应用大数据的过程中会遇到一些问题，主要是大数据本身带来的问题。许多企业内部可能有数据，但是无法使用；有的企业甚至就没有可用的数据。

1. 缺少数据积累

对于企业来说，数据的积累是在长期的规范中产生的。有一些企业，特别是传统企业，对数据没有意识，在发展的最初没有考虑数据规划的问题，所以也就没有数据的积累。企业内的大部分数据是与经营核算相联系的数据，如企业的财务数据、客户数据、产品数据、营销数据等。甚至在某些行业内，还没有数字化的存储方式，仍然通过纸质等其他媒介进行"存储"。五花八门的存储方式和手段使得企业的数据存储格式也是乱七八糟，缺乏一个统一的格式，这就给以后数据的使用带来麻烦。没有数据可以使用，也反映出大数据时代的数据问题。

2. 数据孤岛严重

在大型企业内，下设有多个部门，数据就分散在不同的部门之间，显得比较凌乱。不同部门对于数据的定义、处理、存储都是不同的，这也就造成企业数据孤岛现象的发生。由于数据的碎片化以及孤岛效应的限制，对企业大数据的应用可谓是阻碍重重。

3. 数据质量差

假如企业内部拥有一些数据，但并不代表这些数据是有意义的，数据的价值是由数据的质量决定的。由于多方面的原因，企业内部许多数据的质量都不能得到保证，如数据记录丢失严重、数据位数不统一、数据字段为空等。就算是采用技术手段将数据恢复，也不可能是之前的数据，依然会有缺失的部分。依赖于较低质量的大数据，工作结论的产生和应用都存在巨大风险。

4. 数据整合困难

在对数据整合分析应用之前，企业内部不同部门之间对数据都有自己的要求，难以形成统一的数据标准。值得注意的是，在涉及跨业务体系时，因为企业不同部门之间对数据的整合缺乏一个统一的标准，使得数据整合十分的困难，主要表现在数据字段定义、关联项、口径、范围、条件、规则等的不一致。

5. 数据来源匮乏

如果企业内部数据比较稀少，可以从外部获取资源。在数据共享的趋势下，企业之间能够利用自己内部或特定的平台开展数据交换，另外，还可以采用爬虫来获得数据，利用这些方式可以弥补企业数据的稀少。然而，许多有用的信息都是通过企业之间的交换获取的，只不过这些数据范围比较小，而且大多是已经脱敏或转换后的模糊或粗粒度数据，不利于以后对数据的应用。

（二）分析问题

传统意义上的数据分析形成了一套卓有成效的分析体系，不过这是针对结构化数据的分析模式。现在半结构化、非结构化数据与日俱增，这就给数据分析带来一定的难度。为了使用有价值的信息，需要从数据中提炼出有深度的信息，这也就推动了数据挖掘技术的出现，并发明了聚类、关联分析等一系列在实践中卓有成效的方法。对于结构化数据，一些传统技术是可行的，而现在面对的大数据是海量的，半结构化和非结构化数据迅速增长，给传统的分析技术带来了挑战，主要表现在以下三个方面。

1. 数据处理的实时性

现在许多领域对大数据实时处理提出了要求，大数据中的知识随着时间的推移，其价值也在减少，很多应用场景中的数据分析也从离线形式转向了在线形式，开始对大数据进行实时处理。在大数据时代对数据的实时处理也有很多问题需要解决，对数据处理模式的选择和改进就是需要着重注意的。在实时处理的模式选择中主要有三种思路，即流处理模式、批处理模式以及二者的融合。现在在大数据实时处理方面已经有不少的研究，但是依旧缺乏一个合理有效的模式。企业采用的数据实时处理方法不一，这就造成在具体的使用过程中，企业都是根据自己的需求来改进这些处理技术的。

2. 动态变化环境中索引的设计

关系数据库中的索引能够提高查询速率。然而，传统的数据管理模式并没有太大的成效，所以需要在数据上创建索引。大数据时代的数据模式会随着数据量的不断变化而变化，这就对索引的设计提出了要求，简单、高效的索引结构是深受欢迎的，能够在数据模式发生变化时很快地进行调整来适应改变。

3. 先验知识的不足

传统的分析技术主要是面向结构化数据展开的，对于实时的、动态的分析数据缺乏相应的先验知识。例如，分析某个对象，一般会了解其属性，利用这些属性可以了解其可能的取值范围等。在数据分析之前，由于经验知识的认知，对数据就会有一定的理解，而在面对大数据分析时，一方面是半结构化和非结构化数据的存在，这些数据很难以类似结构化数据的方式构建出其内部的正式关系；另一方面很多数据以流的形式源源不断地到来，很难有时间去建立一定的知识体系。在大数据分析中，先验知识的不足也会带来很多的问题。

（三）安全与隐私问题

伴随着信息技术的发展，大数据也在逐步发展，大数据的应用场景越来越多，涉及的领域也越来越广。只要你打开网站上的一个网页，就会留下你的浏览痕迹；登录一个网站或许需要你填写一些个人信息，如用户名、密码、身份证号、手机号、地址等。现在随处都可以看见的摄像头和传感器，都可以记录下你在什么地点、做了什么事情等。数据专家可以对这些公开的数据信息展开分析，由此可以轻易得出人们的行为习惯。如果这些信息运用得当，将会带来巨大的效益和价值；如果这些信息被不良分子窃取，也将会带来巨大的问题，给个人信息、隐私安全带来危害。

除此之外，在大数据时代，数据的产生速度增快，其更新速度也在逐步地提高，对于数据的保护技术一般都是静态的，可能会给隐私保护带来挑战，也就是说，如何保护隐私安全是未来大数据应该重点研究的内容。

（四）管理问题

数据从集成到分析，再到最后的数据解释，易用性问题贯穿了整个流程。在大数据时代，数据变得更加繁杂，对数据的分析也是多种多样，由此得到的结果也是形式不一。许多企业在最初应用数据的时候，不能从复杂的分析工具中选择有价值的信息，这就对大数据时代软件工具的设计提出了要求。关于大数据易用性的研究仍处于一个起步阶段，从设计方面进行考虑，需要注意以下三个方面的原则。

1. 可视化原则

可视化要求用户在见到产品时就能够大致了解其初步的使用方法，最终的结果也要能够清晰地展现出来。

2. 匹配原则

人们需要用已经认知的经验和知识去考虑新的工具的使用，以便人们快速掌握新技术与新方法。对于未来大数据的易用性来说，如何将新的大数据处理技术和人们已经习惯的处理技术进行匹配，仍然是一个需要解决的问题。

3. 反馈原则

反馈原则指的是人们在设计产品的过程中，需要将反馈设计考虑进去，以便人们能够随时掌握自己的操作进程。在未来的设计中，将大数据的处理与人机交互技术相结合，使得人们能够较完整地参与整个分析过程，将用户的信息反馈给企业，使得数据的易用性大大提高。

从这三个原则来考虑大数据的管理问题，完善设计，将会达到良好的易用性。

（五）技术问题

企业大数据在具体的实施过程中仍然面临很多的技术挑战，具体分析，有以下四个方面：

1. 数据采集与获取

数据采集错误和自动修复。大数据的产生比较迅速，其来源也比较复杂，不可控的第三方或外部来源中往往包含各种错误信息。在这之中，尤以文本文件、电子邮件、互联网信息等非标准化结构的数据最为严重。在这些错误的信息之中，人们大多选择人工的方式进行数据处理，但是因为错误的多边性、不可预测性等问题，自动化的甄别错误技术是比较稀少的。

数据完整性和可追踪性。虽然数据来源不同，但基本是有一定联系的，这是进行数据整合的前提。同一字段在不同周期内的来源可能出现变化，数据工作流程的后期环节需要借助于前期的帮助。怎样使得数据在工作中保持完整性，并且在产生数据意外时，可以利用数据的血缘地图追踪关键节点，把控异常变化的时间、来源、路径、方式等要素，有利于提高数据的质量。

2. 数据存储与检索

多类型和结构数据的存储效率和成本。传统的数据存储都是在结构化的数据库中进行的，现在大数据的平台给非结构化和半结构化数据的存储提供了支持。物联网、社交网络、智能终端的应用越来越广，网络日志、视频、图片等非结构化数据所占的比例越来越大，并且数据类型也越来越多，怎样存储数据方便后续的使用，对企业来说是一个巨大的挑战。

复杂属性和实体的检索查询。大数据平台中针对非结构化和半结构化数据的查询，大多是在文件名、摘要等信息中搜索的，对于非文字类内容的搜索是比较困难的。除了数据本身的复杂性，多源异构、多实体属性和多维空间之间的交互动态性和关联查询特征，仍然无法通过当前技术进行有效的描述、存储、度量与统一检索。

3. 数据处理与计算

数据计算的实时性。传统大数据处理比较偏向于离线计算，然而对于在线计算、实时计算的需求越来越高。即使是在信息化时代，计算机硬件资源依然是有限的，采用分布式、并行计算框架仍然不能突破硬件的问题，现在迅速增长的数据对于数据的处理提出了更高的要求。面对一些时间性的情况，对于数据处理的要求更高。

多类型数据的处理与理解。对于隐藏在半结构化和非结构化数据中的潜在信息，通过表征意象提取表意信息，然后可以把不同来源、不同类型的数据整合在一起，使得数据信息更齐全，便于以后对数据的学习。

数据处理过程中的技术挑战。大数据在处理过程中，面临着噪声处理、样本选择、数据转换、降维归约、算法适配等问题，这些问题仍然是采用手工方式处理的，在计算机上设置、调整某些程序，根据这些设定进行运算。这些技术提高了人工经验参与性，由于经验的限制，也会带来一些主观性的问题。

4. 数据挖掘与学习

算法的优化。许多的算法都是因为计算复杂度过高，使得运行时间过长，不能符合实时性的业务要求；除此之外，现在一些算法的计算过程，不适合改造成高度并行化和分布式的运行逻辑。在这种问题之下，就需要对算法进行优化。

非标准化知识挖掘。现在的许多算法都是为了应付工作设定的，如机器学习、数据挖掘、深度学习等，所以对数据的输入和输出有一定的要求。

高度智能化计算。在对知识进行挖掘的过程中，还需要对程序进行设置、评估，只有经过人的预设，计算机才能开展大量迭代、更新工作。由于面对的场景越来越复杂，经验可能会导致人的主观判断出现错误，影响计算结果的可信性和准确性。

二、大数据未来趋势

大数据火到什么程度？有人把 2013 年称为"大数据元年"。现在，所有互联网上的企业，都或多或少涉及大数据产业，在生活中的许多方面，都会看到大数据的存在。美国政府启动"大数据研究和发展计划"，并且把大数据推到国家战略层面。大数据成为一种潮流，影响着社会生活的方方面面。

（一）大数据的价值资产化

随着大数据应用范围越来越广，其规模也越来越大，对其价值的期望也就越来越高，这就间接推动了数据朝着价值资产化的方向发展。什么是资产？资产指的是由企业过去经营交易或各项事项形成的，由企业拥有或控制的，预期会给企业带来经济利益的资源。由概念可以看出，资产具有以下三个特征。

（1）所有权和控制权归企业所有。

（2）基于过去的行为产生的现实资产，而非预期资产。

（3）能够为企业带来经济利益，包括现金及其等价物。

在现实中，大数据不具备资产的第三个特征，因为许多企业虽然利用大数据，但并未从大数据中获取有价值的内容，并且获取有价值的数据还需要用货币进行计量。

数据有可能成为资产，但并不是所有数据都具备资产的属性。如果要实现数据资产化，首先应该确定数据资产包括什么内容。现在的大数据资产，主要还是指的数据本身。

1. 大数据本身

其实，大数据本身是可以当作商业主体进行交易的，这也就展现出数据资产的特性。要想数据资产成为可能，就需要企业抢占数据资源的制高点，创造出更多的数据，缺少数据资源的主体很难获得与数据相关的有价值的资产。

大数据本身要能实现数据交易，即数据的流通，需要有标准化、体系化的数据质量评估、质量认证、数据传输管理、数据安全管控、数据源追溯、交易监管和保障等方面的支持。值得庆幸的是，在国家《促进大数据发展行动纲要》的指导以及政策支持下，各政府部门、学术机关、科研单位、企业单位正在联合推动各方面标准的建立和完善，大数据标准化白皮书不断地更新完善，从这些方面都可以看出，各方面都在致力于探索大数据交易的标准化。

2. 大数据的资产化

对互联网从业者来说，用户的消费习惯、兴趣爱好、关系网络以及互联网的发展趋势都需要他们密切关注。对这些信息的获取又需要大数据的帮助，因为在社会化媒体基础上的大数据挖掘和分析都会衍生很多应用。例如，帮企业做内部数据挖掘、降低营销成本、增加利润等。

大数据、社会化媒体营销是根据实际情况开展的一种营销模式，这是营销领域跨时代的进步。企业在未来的发展中，将会从多个方面对数据展开竞争，对于数据规模的竞争，其实也就是对数据应用的竞争。

随着技术的发展，在未来的营销发展中，大数据社会化营销将会是主要的模式。换句话说，在大数据时代，无论是在哪个行业、何种服务形式都会出现这种模式。未来大数据的发展将朝着价值资产化的方向继续前进。

3. 大数据的价值

大数据不仅仅数据海量且规模巨大，更重要的一点，是可以经过专门化的处理产生重大的市场价值。在现代社会，大数据是每个人都可以拥有，并且可以利用的资产。对企业来说，好的数据是业务部门决策管理的前提，分析对手的信息，为决策提供帮助。数据的价值就是能够迅速地将准确的信息传递到合适的人手中。那些能够驾驭客户相关数据的公司，与自身的业务相结合可以发现新的竞争优势。一个公司拥有大量的数据，就可以进行数据交易，获取更大的利润，分析数据来降低企业的成本。数据成为最大价值规模的交易商品，充分地利用数据可以实现价值最大化。大数据的提供、使用、监管，将大数据变成大产业。

（二）大数据的产业生态化

大数据产业之中，每个参与者都扮演着不同的角色。在整个工作过程中，也就是从数据的产生、采集、传输、存储、分析、挖掘，直至最终的可视化呈现与行业应用，都可以看出大数据产业链的存在。大数据产业链中包含了基础设施、分析、应用、开源工具、数据源和 API、学校和孵化基地等。

产业链各个环节上的厂商一起构成了大数据的产业生态系统，具有以下三个特点。

1. 数据共享正在形成

中国所有的实名数据和身份信息，在中国政府和公共服务事业中都有存档，这些数据是被相关部门严密保存的，并不对外公开。然而随着大数据开放政策的实施，有一些城市已经开放了部分的数据来支撑开放式数据创新和应用，如上海。现在对数据的整合力度越来越大，大数据生态圈中各企业产生协同效应，数据共享在逐步地形成。

2. 大数据处理各个环节间的组件使衔接更加灵活

大数据处理环节包括许多的内容，各个环节的模块和组件基本上是以松耦合的方式开展的，去除自身功能组件外，还需要提供外部组件的通用性和替代性特征，降低特定组件间的强依赖关系。除此之外，不同层次的技术封装，能够减少一些兼容性以及后期开发维护复杂性问题的产生。

3. 一体化应用趋势愈发明显

在大数据的整个工作过程中，数据是输入端，价值则是输出端。作为提供技术和服务的供应商，需要为客户提供企业级"端到端"的全数据服务。将大数据与业务分析、应用系统或应用场景紧密结合，并基于企业全数据和信息管理架构提供一体化服务。利用这种方式，可以减少客户维护、开发系统的复杂性，由此可以节省很多时间；并且在一定应用模型封装的前提下，还可以将分散化、复杂化、个体化的操作沉淀为企业级统一化、知识化、标准化的流程。

（三）大数据的主体社会化

大数据主体通常指的是数据来源主体和数据应用主体两个部分。而主体社会化则指的是数据来源和数据应用的主体特征都突破各自单独的行业应用领域，呈现全社会互通互利的特征。

1. 数据来源主体社会化

传统的大数据的来源基本上是结构化数据。现在大数据应用日益广泛，大数据技术也在不断地成熟，在大数据工作中，半结构化和非结构化数据不断增多。在互联网数据中心（IDC）的一项调查报告中指出，企业中80%的数据都是非结构化数据，这些数据每年都按指数增长60%。由此可以知道，加强半结构化数据和非结构化数据的采集，有利于提升大数据的价值。

数据来源主体社会化的分析是从自然数据、民生数据、政务数据、产业数据进行的。

所谓自然数据，指的就是与人类社会相对的客观存在的物质世界的数据，也就是自然界的数据，这方面所涉及的内容是十分广泛的，包含人类生活中的水与土地，还有空气、山脉，甚至是河流、动植物等。这些自然数据可以帮助科学家研究自然现象，根据对自然现象的分析，规避一些伤害，例如，研究地震等自然灾害的发生，能够减少人员伤亡。

民生数据是从人们生活的最基本的角度出发，主要是人们日常生活中的行为，包括衣、食、住、行、工作等方面。在传统的数据来源中，更多的是与经济行为相关的数据，其他的数据则是少之又少。然而，民生数据的出现，则是信息完整的体现。

政务数据指的是与国家相关机关和单位的立法、司法和行政工作的数据，主要的内容有审判、监察、立法和日常组织、领导、计划、人事、协调、监督、财务等。国家正在从各方面建设大数据，加强对这些数据的管理，并将一部分的数据对外开放，促使社会化服务的推进。

产业数据指的是社会经济活动的所有数据，主要有原料采购、产品设计、产品加工、仓储管理、物流运输、营销推广等。在经济活动中，这些产业数据是极为重要的，这一类的大数据工作也在不断地推进。

2. 数据应用主体社会化

数据应用也就是数据消费，其主要指的是使用数据。数据消费的主体包括个人、企业和政府。

（1）个人数据消费。大数据与个人生活是紧密相连的，从生活中的许多方面都可以看出大数据的影子。人们生活的衣、食、住、行等方方面面都需要大数据的参与，可以根据大数据的知识进行决策，在这个过程中，个人可以产生数据，又可以从各种数据中获取有价值的内容。大数据将为个人提供认识世界、改造世界甚至预测未来的新方式。

（2）企业数据消费。在大数据消费中，企业数据消费领域是很重要的，这一领域正在从传统的数据向现代的数据转变。企业需要利用数据开展业务，实现利润，维护客户，传递价值，支撑规模，增加影响，撬动杠杆，带来差异，服务买家，提高质量，节省成本，扩大吸引，打败对手，开拓市场。在大数据的帮助下，企业可以针对消费者的消费，分析他们的购买行为，以此来提供更好的产品，推广营销。现在是网络时代，传统企业需要与互联网相融合，网络企业可以与大数据结合进行转型。

科学技术在迅速地发展，衡量企业的核心资产已经转变成对数据的掌握，数据变成产业进而成长为供应链模式，慢慢连接为贯通的数据供应链。企业内部数据可能比较匮乏，有一些还不能得到充分的利用，这就需要利用互联网的特点，转向对外部数据的利用，外部数据可以与互联网相结合，整合各种数据。综合提供数据、推动数据应用、整合数据加工的新型公司明显具有竞争优势。

大数据时代，互联网企业占有重要的地位，传统的 IT 公司也与互联网相融合，借助于云计算与大数据时代，完善产品，更新升级。

（3）政府数据消费。国家所拥有的数据规模是其综合国力的重要组成部分。政府在许多领域都需要借助于大数据的应用，如在国防、反恐、安全、国际关系处理等方面，在大数据的帮助下，可以解决关键情报缺失、监视范围不完整、分析能力不全面等问题，保证国家信息安全；与此同时，在政府内部处理上，大数据可以推动政府政务工作的进行，提高决策水平和服务效率，推动社会和谐发展。

（四）大数据的应用智能化

当物联网发展到一定程度时，可以借助一些标识产品代替物品，如二维码、条形码等。传感器、智能感知、视频采集等技术实现实时的数据采集，这些数据能够支撑智慧城市、智慧交通、智慧能源、智慧医疗、智慧环保的理念需要，这些所谓的"智慧"将是大数据的采集数据来源和服务范围。

未来大数据的发展，不仅可以帮助人类处理社会问题、企业营销问题、科学技术问题等，最重要的还是大数据应该以人为本，利用大数据去解决人类遇到的一些问题。例如，建立个人的数据中心，把个人的详细信息建立一个完整的记录，换句话说，就是人从出生那一刻起的每一分每一秒都应该记录下来，身体的各种数据在以后都可以得到充分的应用，医疗机构可以检测用户的身体健康情况，教育机构可以为用户制订培训计划，社交网络可以提供志向相同、意见一致的人群，政府能够在用户的心理健康出现问题时进行合理的预防，防止不良行为的产生等。

大数据作为企业发展的源动力，它涉及人们生活的方方面面，在推动企业发展的同时还为政府和民生服务。未来大数据发展的价值资产化、生态化、社会化、智能化，都将促进企业的继续发展。

第二章

大数据的管理和治理体系

伴随着科学技术的迅速发展，人类生活产生了巨大的变化，在各种技术的推动下，人类逐步地进入大数据大时代。现在这个时代，大数据具有非常重要的价值，大数据的开发与应用也日益重要。大数据产业蓬勃发展，大数据时代的商机无处不在。如果不能对数据进行有效的管理和治理，即使数据再多，对于企业来说也只会是垃圾和负担，非但不能成为资产，还有可能拖垮企业。因此，下面对大数据管理和治理的内容进行概括分析。

第一节　建立数据驱动的管理体系和架构

现在已经进入数据技术（DT）、数据驱动的时代。在现代企业中，传统的资产、产品、生产系统、财务系统、软件系统都有专人负责管理。大数据时代，如果数据成为企业核心资产，也需要有专人负责管理，相应地，就要建立一定的管理体系和架构。企业将多种多样的数据整合加以利用，转向数据驱动的运营模式，在这个转型过程中，应该先进行组织变革与机构变革，企业设置专门负责管理数据的机构，可以采用实体的管理组织形式，也可以是虚拟的，但是这个管理组织需要横跨多个部门。在工作的过程中，管理体系需要不断地完善、更新数据和数据治理的架构，提高企业的数据质量管理，并且保障企业的数据安全。

一、建立数据管理组织

随着大数据的不断发展，企业对数据的依赖越来越强，这就需要对数据进行管理。就算一个公司拥有世界上最先进的数据管理规范，还是需要有这些规范的执行者，换句话说，需要建立数据管理组织架构和团队对这些数据进行管理。综合企业自身管理体系，在架构上一般可以分为领导决策层、部门主管层和具体执行层。

1. 领导决策层

领导决策层体系可以让企业的高级管理人员创建并领导数据管理团队，建立数据管理策略及标准，监管组织内的数据质量工作，并落实到中下层的具体执行策略和计划上。一个新的大数据工作岗位应运而生——首席数据官（Chief Data Officer，CDO），现在许多企业都设立了这一职位。CDO 不仅是技术层面的，他还配合 CIO、CTO 和 IT 部门协同管理和完善数据管理策略的实施，同时又需要和这些部门紧密相连。CDO 已经进入企业的最高决策层，由管理人员直接向 CEO 汇报各种信息，能够充分地把数据的价值和企业的决策联系在一起。

2. 部门主管层

部门主管层可以由业务部门主管、IT 部门主管、执行项目经理等来组成和担任，也可以由专职人员来担任。现在企业还是会设立专门的数据部，不与其他部门放在一起，有一些企业在遇到战略问题时，数据部的执行能力还会高于其他部门，不过需要其他部门配合首席数据官和数据部来制定数据驱动战略。

现在数据管理已经取得了不错的成就，在数据驱动变革方面取得很大成功，例如全球最大的职业社交平台 LinkedIn。在早些年，LinkedIn 就成立了单独的数据分析部门，这个部门对数据的分析促进了企业的创新发展。那个时候也有一些企业设立了数据分析部门，只不过不是单独设立，而是将数据分析作为业务及 IT 部门的外延或项目管理来定位，然而 LinkedIn 却反其道而行，设立专门的数据分析部，与研发、产品、市场、销售、运营等五大核心部门共同存在。单独的数据分析部门对各种各样的数据进行分析，满足 LinkedIn 内部员工对数据分析的需要。

LinkedIn 的所有业务几乎都是由单独的数据分析部维持下来的，促进了 LinkedIn 的商业发展，并且在模型驱动之间形成一个增长的闭环形式。第一，对数据进行分析能够掌握用户的行为痕迹，为用户提供更好的服务，推动了用户的增长；第二，用户的增长使得后台访问数据增多；第三，经过对用户信息的分析，寻找解决办法，完善产品，推动企业的积极健康发展。

3. 具体执行层

具体执行层主要是面向员工的，在领导决策层设定出数据战略，经过部门主管层的整合，就需要落实到执行层去处理这些数据，这个过程与企业的每一个员工都是有关的，任何人都不能置身事外。只有经过数据分析部与其他部门的配合，才能共同促进企业的发展。

二、建立数据管理制度

显而易见，在设立了 CDO 及数据部门等管理执行组织架构之后，为了保障这些数据战略得到有效的实施，就需要有相应的制度保障，这也就意味着，企业要想有效执行数据战略，就要建立一套行之有效的数据管理办法、职责划分、绩效等数据管理规章和制度。规章制度的制定，要结合企业自身实际情况而定，为数据管理战略的实施提供一个大环境。因为大数据管理还涉及数据管理的技术架构体系，以及大数据管理本身所用到的管理工具、管理平台、管理软件等，所以除了这些基本的规章制度，还要包含大数据所应用的工具与技术的相关操作流程。

管理执行组织负责监督、管理，并实施、执行和大数据管理，以及治理一切相关的流程与环节，其主要有制定并实施数据管理策略与协调，还有执行数据管理解决方案；审阅和批准数据架构；制订数据管理与实施计划；评估数据分析的相关报告；数据管理监督和控制；协调数据治理活动；监督数据管理项目和服务；交流和宣传数据资产的价值等诸多方面。

第二节 大数据治理体系

数据治理是指在企业数据生命的整个周期中制定由业务推动的数据政策、数据所有权、数据监控、数据标准以及指导方针。现在，我们已被数据包围，数据也正在逐渐淹没我们。对数据的治理是一直存在的问题，但在大数据应用的环境下，数据治理的复杂度在提高，给大数据应用带来很多挑战。

大数据治理体系的构建为数据管理工作提供强有力的系统支撑。企业要构建一个完整的治理体系，就需要从多个方面进行考虑，从组织架构、标准、质量、系统功能等方面管控数据。数据治理模块主要包括数据标准管理、数据质量管理、元数据管理、主数据管理、数据生命周期管理等，这几个模块共同工作，确保数据的规范、安全。

一、大数据治理框架

大数据治理框架从原则、范围、实施与评估三个方面给出了大数据治理的全貌，介绍了大数据治理的主要内容，具体如图 2-1 所示。

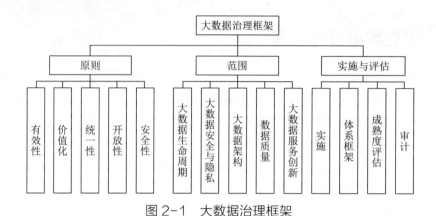

图 2-1　大数据治理框架

从图 2-1 中可以看出，大数据治理的原则主要包括有效性、价值化、统一性、开放性、安全性五个原则，这五个原则是大数据在治理过程中必须要遵守的基本准则，从不同的角度表明在大数据治理过程中按照一定原则的意义。在这之中，有效性原则指的是在大数据治理过程中，数据的质量、价值的高效性；价值化原则指的是在大数据治理过程中，要实现数据的价值最大化；统一性原则指的是对大数据的治理，应该按照标准条例开展；开放性原则指的是实现信息的共享，大家都能够合理地共享数据，将各种数据联系在一起，增强数据治理的透明度；安全性原则指的是在数据治理的过程中数据的安全性，保障数据的安全是极为重要的。

大数据治理的范围主要是在治理中重点关注的领域，也就是大数据治理决策应该在哪些重点领域内做出决策。其范围主要包括五个方面，即大数据生命周期、大数据安全与隐私、大数据架构、数据质量以及大数据服务创新。这五个方面也是大数据管理活动的主要实施领域。大数据生命周期是指数据从产生到清除的整个过程，这一方面更偏向于在一定的成本下合理地应用大数据实现价值。大数据安全与隐私则是要通过大数据安全策略，来对大数据云计算时代的数据进行隐私安全保障，建立有效的流程保障大数据相关使用者的隐私安全。大数据架构是在信息系统中进行存储、使用以及管理的逻辑或物理架构。数据质量管理是组织变革中的一项关键支撑流程，数据质量这个层面总结了大数据产生质量问题的原因，如何去提高大数据的质量。大数据服务创新就是要不断地提供新的服务，为企业和社会创造价值，应该从基于数据本身进行创新、基于业务需求进行创新、基于数据分析的创新三个方面进行探讨，来体现对大数据服务的创新。

大数据治理的实施与评估指的是在大数据治理实施与评估过程中要重点关注的内容，主要包括大数据治理的实施、体系框架、成熟度评估以及审计四个方面。它带来了具体的指导性意见。大数据治理的实施的最直接目标是为企业建立大数据治理体系，而为了完成这个实施目标，就需要考虑三个方面的因素，即建立大数据治理的环境、建立完善的大数据治理实施流程体系和规范，以及明确大数据治理实施的阶段目标，这是完成这个实施目标非常重要的三个方面。大数据治理的体系框架提出了一个通用的数据治理体系及架构，并分析了架构内各个模块的功能与作用。成熟度评估可以让企业了解到大数据治理的当前状态和差距，识别大数据治理的改进路径。推进成熟度向更高的阶段转变，可以分为五个阶段实施，也就是初始阶段、提升阶段、优化阶段、成熟阶段、改进阶段，一层层地递进，直至实现最后的治理目标。大数据治理的审计是通过对大数据的监控、分析和评价给出审计意见，改进大数据治理流程的一系列工作，提高大数据治理的实施水平。

总而言之，相关的企业可以按照上面讲述的三个方面，从大数据治理原则、范围、实施与评估三个方面来分析大数据的治理工作，根据一定的要求和标准，持续稳步地推进大数据治理工作。

二、大数据治理模块

（一）数据标准管理

在大数据管理中，有一项非常重要的是制定和维护数据标准。如果没有一个相符合的标准，那么数据管理是没有现成的规律可以遵循的，数据质量也不能得到保证，数据的应用也是杂乱没有条理的。数据标准管理体系包含三个方面的内容，即数据标准的规划、数据标准的相关支撑以及数据标准的实施。数据标准的规划主要有制定数据标准体系和实施线路图；数据标准支撑指的是相关的组织架构、管理方法，当然，还包括一些数据管理工具；数据标准的实施主要有标准的制定、执行、维护和监控。

数据标准的制定主要是对数据标准的拟定、审查与发布。对标准的制定需要一个具体化的管理组织，这个组织也是一个行业性的组织，可以借助本行业内的专家，共同对标准的制定进行商议、完善，还可以制定企业内部的一些数据标准。

具体来说，数据标准的制定主要包括以下几个步骤。

（1）数据标准化管理组织需要将数据工作的相关人员聚集在一起，参与数据的收集、整理、加工等工作，并把大家的共同意见编辑成数据标准的初稿。

（2）对初稿进行修改、完善，然后形成终稿，并交给数据标准管理决策者审核。

（3）在相关决策者审核之后，由数据标准化管理组织再次审查，并针对不足之处进行修改完善后发布最后的数据标准。

一般情况，只要将数据标准发布之后就需要执行。数据标准的执行指的是数据标准的落地实施和执行过程，并且严格地检查各个执行过程，各方面都要做到最完善。

对数据标准的维护就是需要根据行业以及技术发展的要求，修改之前制定的标准，以符合现代的要求。对数据标准的监控，则是要建立考核标准，对日常的工作进行监控。

从数据的标准化实践层面考虑，企业要做好的准备有很多，整理好核心的元数据、主数据，形成相应的数据模型。另外还需要做好执行、监控和维护工作。需要对整个流程做好标准化的规范。

一般来说，数据的标准化都会有数据的编码标准，编码可以证明每天数据的不同。编码需要按照一定的规范统一编制，防止在企业内部出现不考虑全局、各搞一套的行为；如果对数据进行单独的编码，会出现数据整合不兼容、重码、内容啰唆等问题。另外一个是数据的分类标准，需要按照相应的规定把数据进行分类，可以把相同属性的标准划分在一起。通过分类标准，可以对一些重点的数据进行单独管理，并为业务管理和分析提供基础参照。除此之外，数据标准还包括对数据字段和属性的规范，也就是说，每个数据字段应该填写什么内容，都应该是按照规范的要求进行的，保证所有的数据在行业范围内的填写标准是统一的。数据的交互流程和业务规则也需制定相应的标准。

（二）数据质量管理

伴随着数据类型、来源的不断丰富，还有数据数量的快速增长，在繁多的数据背后，企业的数据管理工作也会出现许多的质量问题。

数据质量也可以认为是数据的"适用性"，换个意思理解，数据是否符合应用的标准：如果符合的标准程度越高，表明数据的质量越高。在数据治理过程中，数据质量是十分重要的因素。一般来说，数据质量需要满足准确性、完整性、一致性、及时性、合法性等多个方面。关于准确性，指的是对大数据计算的要求；关于完整性，指的是各方面数据都保存完整，没有因疏忽而漏掉的；一致性指的是数据之间有某种关联，并且相互制约；及时性指的是数据需要根据时代的脚步随时更新，不能停留在过去落伍的信息之中；合法性指的是数据的使用应该是合理的、合法的。

数据质量管理最开始应该是从管理和机制入手，也就是说，企业需要创设数据管理机构并制定相应的管理机制，将每一个人的职责落到实处，持续监控数据应用过程，保障高效的数据质量管理。

数据质量管理的流程主要有制定规则、发现问题、分析质量、清理数据、检验评估等步骤。除此之外，还需要根据现实中的实际情况优化过程。①按照数据标准，制定数据质量的技术规则，及时发现问题并加以管理；②根据数据质量维度对数据进行全面的分析，并及时清理无用的数据；③通过对数据质量持续地监控，反映数据质量出现的一些问题，并且形成相关的报告。数据质量管理的整个过程要形成一个反馈控制系统，长期有效地完善数据质量。

如果数据质量没有得到最基本的保障，就可能会使得之前设定的业务目标不能完成。从事数据质量管理的相关人员，需要根据数据质量指标，确定影响业务目标的因素。定义数据质量指标的过程并不是一帆风顺的，期间充满着艰难与困惑，区分质量指标，能够在监控业务与活动绩效之间做一个比较，合理及时地反映数据质量的相关情况。不仅如此，在设定数据质量指标的过程中，需要全面地考虑各种因素，结合可度量性、业务相关性、可控性等因素制定相关的标准：①剖析影响业务的因素，对某些数据元素进行评估检查；②罗列一系列的数据需要，并制定数据质量的业务规则；③根据业务规则介绍需求的满足度，并制定接受程度的临界值。

数据质量问题还可以看作是有没有数据、数据能不能用、数据好不好用、数据如何用的问题，主要指数据不适合业务运行、管理与决策的程度。因为数据质量需求所牵涉的层面是不同的，这也就表示出按照数据质量问题的级别分类。如果是需求比较小，可以从单系统数据项进行修改；如果是适中的需求，需要确定业务口径；如果是需求比较大，需要对大规模跨部门的改造提出意见，分析本质问题，改善业务规则。在找到数据质量最根本的问题以后，需要重视问题，评估问题，并把这个问题及时清除，提高数据质量。

（三）元数据管理

起初元数据（MetaData）指的是对数据的描述。一般来说，主要由信息结构的描述组成，社会在进步，科学技术也在逐步发展，元数据内涵有了非常大的扩展，如 UML 模型、数据交易规则、用 Java、NET、C++ 等编写的 APIs、业务流程和工作流模型、产品配置描述和调优参数以及各种业务规则、术语和定义等。现在已经步入了大数据时代，元数据在之前的基础上还有对各种新数据类型的描述，比如说位置、名字、用户单击的次数、音视频等。在企业的管理中，一般可以把元数据分为三种，也就是业务元数据、技术元数据以及操作元数据。业务元数据是从业务角度描述数据仓库中的数据，它提供一个介于使用者和实际系统之间的语义层，主要包括业务规则、定义、术语、术语表、运算法则和系统使用业务语言等。举个例子，企业概念模型是业务元数据应该提供的重要信息，它表示企业数据模型的高层信息、整个企业的业务概念和相互关系等。技术元数据是从管理的角度进行考虑的，主要用来定义信息供应链（Information Supply Chain, ISC）各类组成部分元数据结构，用于管理中所要使用的数据，主要的内容包括各个系统表和字段结构、属性、出处、依赖性等，以及存储过程、函数、序列等各种对象。操作元数据主要指的是应用程序的运营阶段。

当然，元数据的管理也包括对相应的管理组织架构的设定，还有元数据管理的规章制度等。在这个根基上，重新定义元数据的管理流程，比之前更加完善，主要有元数据的定义、元数据的变更、元数据的同步、元数据的权限管理，以及元数据检查及报告。每个企业的内部信息都包含在元数据之中。因此，保障数据的安全是非常重要的，企业需要加强对数据的隐私和安全管理，不同的元数据类别可以设置相应的加密级别。与此同时，对于元数据的使用也需要加强管理，不同的部门、人员对元数据的应用都需要经过严格的审核并给予相应的权限。

随着大数据时代的来临，企业需要处理的数据类型越来越多，对元数据的管理也需要加强，大数据平台与系统的建设、应用、维护这一系列的过程，都应该将元数据管理连接在其中。

第一，因为元数据是对数据的描述，它可以让用户能更加清楚地知道数据的流向，还能够在业务与技术之间建立某种联系，加强企业管理。第二，应用元数据管理能够自动化地获得企业的数据业务，将不同的业务分类罗列，让客户对数据有一个直观清晰的了解。第三，对元数据的应用还可以方便内部管理、审计或外部监管的需求追溯业务指标、报表的数据来源和加工过程，探寻数据的来源。第四，不仅可以探寻数据的来源，还可以探寻系统间信息生命周期，数据在应用中的整个流程都可以帮助用户分析全局。第五，通过元数据管理使得企业的信息透明度变高，有效性、可用性也相应地得到提高。与此同时，还节约了成本，提高了企业的价值。

（四）主数据管理

1. 主数据管理的介绍

主数据定义企业核心业务对象，如客户、产品、订单等，这些数据其实分布在企业的各个业务系统之中。主数据有一个明显不同于交易流水信息的特点，那就是只要主数据被记录到数据库之中，每隔一段时间就要进行维护，以此来保证主数据的时效性以及准确性。除此之外，主数据还涉及关系数据，主要是描述主数据之间的关系，如客户与产品之间的关系、产品与地区之间的关系等。

主数据管理是制订一组规程、技术和解决方案，通过各方面主数据的管理，来保证主数据的完整性、一致性和准确性。主数据管理的典型应用有客户数据管理（Customer Data Integration）和产品数据管理（Product Information Integration）。通常来说，从 IT 建设的层面进行分析，主数据管理是一个比较复杂的系统，它涉及的面比较广，与企业数据仓库有一定的联系，在技术上也会包括 ETL、EAI、EII 等多个内容，如图 2-2 所示。

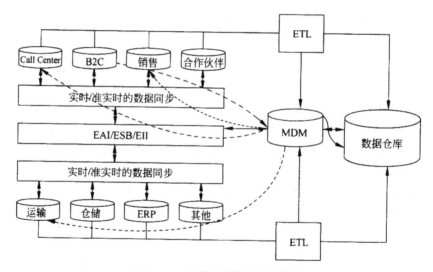

图 2-2 主数据管理的信息流

一个典型的主数据管理的信息流包括：①企业中的某个业务系统，会使得企业主数据发生变动；②主数据需要整合、分析，根据不同的需求分类，然后经过主数据管理系统，再分发给相关的应用系统；③主数据管理系统能够为数据仓库系统提供数据源。

所以，要想设立主数据管理系统，可以从整体的平台框架进行考虑。

下面以客户的主数据为例，列出几种常见的主数据域。

（1）参与方（Party）。这里面涉及的是已经与企业发生业务关系的实体，例如，填写了投保单的参与方。当然，这个参与方也并不是固定的，可以以个人的形式参加，可以以机构的形式参加，也可以以团体的形式参加。从参与方的角度进行考虑，由于企业要开展业务，就需要对他们进行划分，不同的级别、分类，所处的层面是不同的，如 VIP、黑名单等。个人一般都有自己的基本信息，如名称、职业、年龄等；机构是经过法律的审核，在政府有备案的组织，可以是政府机构，也可以是商业机构等；团体的种类是比较丰富的，如家庭、兴趣小组等。

（2）参与方在业务中扮演的角色（Party Role）。举个例子，从保险行业的角度进行分析，其中的角色有投保人、被保人、受益人、担保人、核赔人等。

（3）参与方之间的关系（Relationship）。举个例子，这些关系可以是夫妻关系、父子关系、母女关系、上下级关系等。

（4）账户（Account）。账户指的是购买商品的消费者向企业支付资金的一个实体。

（5）地址（Location）。地址指的是参与这个业务的所有参与者的住址，可能是家庭住址，也可能是 E-mail 地址，抑或是电信联络地址等。

（6）合同（Contract）。合同指的是参与这个业务的双方签订的一个协议。

主数据的显著特点是准确的、集成的，并且是跨部门的，能够在不同的业务部门重复使用数据。

对主数据管理来说，最重要的是管理。主数据管理是不会创建新的数据结构的，不同的是它给企业提供了一种方式，能够合理地管理存储中的数据。在已经存在的这些系统中，主数据管理可以抓住重点，从这些系统中获取信息，创造有价值的内容，还可以为企业供给先进的技术，分析整个企业中的数据。

2. 主数据管理的意义

在主数据管理中，非常关键的四个部分是数据的集成、共享、质量与治理。主数据管理要做的工作就是，在企业各个繁杂的系统中的所有数据中，融合成最核心的主数据，然后再统一地清除数据，与此同时，还能采用统一的服务形式，将完整、一致、高效的主数据分发给企业内需要这些数据的部门，便于这些部门更好地应用数据，投入到企业各个业务系统的工作之中。

通过主数据管理可以将企业中的数据整合在一起，不同类别的数据可以分门别类，在凌乱的系统之间保障主数据的统一，完善数据使它符合企业的需要，还需要增加新的应用。当然，对消费者也需要有充分的了解，以便改善产品，满足消费者的要求。从 IT 建设的层面进行分析，主数据管理能够提高 IT 结构的灵活性，在企业内建立与数据管理相关的标准，灵活地调动企业业务的需求变化。

以客户的主数据为例分析，现在企业大多都会遇到的一个问题是客户主数据的获取，很多的企业都是将客户的内容信息分散在不同的部门之中，每个企业内部的业务部门所拥有的客户信息是不完整的，多多少少都有残缺，业务系统没有一个完整的客户信息图，就使得企业不能明确地获知客户的信息，不能正确处理企业与客户的市场行为，这就会导致客户对企业的服务不满意，从而降低了市场的份额。所以对企业来说，建立客户主数据系统的主要原因如下所述：

（1）将企业内部所有的业务系统和渠道的客户信息，还有潜在的客户信息整理融合，能够让业务部门更方便地获取客户信息，对客户有一个直观明确的了解，并且能快速地实现客户信息的清洗工作，创建一个企业的客户信息图。另外，客户主数据管理系统能够整合成一致的信息分发到各个业务部门，这使得企业每个部门所拥有的客户信息是完整一致的。

（2）可以为相关的应用系统提供联机交易支持，提供客户信息的唯一访问入口点，让这些全面、完整的客户信息能够快速地在业务系统内分布，充分地利用数据的价值，为客户提供服务。

（3）实现 SOA 的体系结构。这也就表示在建立客户主数据系统之前，每一个过程中的数据都是被锁定的。而在建立了客户主数据系统之后，各个系统的数据都恢复了自由，并且经过整合被企业重新应用。

（五）数据资产的全生命周期管理

数据资产是指企业及组织拥有或控制的能带来经济利益的数据资源。在大数据时代，企业的数据是能够成为资产的，有一点需要注意的是，并不是所有的数据都具备资产的性质。具体来说，数据资产可能包括以下三个部分：①能够被企业拥有或控制；②能够用货币计量；③能够为企业带来经济利益。

大数据未来的发展趋势之一就是数据资产化，这表明从资产的立场进行数据管理工作是有可能的，这推动了数据全方位管理工作的发展。数据资产化可以分为两个过程，即数据资产梳理盘点和数据价值评估。

数据的内容是不同的，其价值也是不同的，这与其相关性是有一定关系的，而数据相关性又因数据使用者表现出不同。或许，一个数据对这个部门来说没有价值，但是对另一个部门却是意义极为重要的；在某个时间段内没有价值的数据，在另一个时间段是有意义的。

数据资产的管理包括以下四个部分。

（1）接口管理。数据资产的接口管理是与元数据管理模块、数据质量管理模块相对接的，整合各个模块的数据，用于以后的管理工作。

（2）注册管理。这主要是客户在注册信息之后，需要企业审核通过。

（3）变更管理。对已经注册信息的客户，他们可能想要改变自己之前的信息，就需要开展变更维护，并且还要再次审核。

（4）审计管理。清查企业的数据资产，并且需要做好审计工作。

对数据资产的信息有一个清晰具体的界定，可以维持企业内部知识系统的建设，工作人员从系统中可以更方便地获取资产，使用资产，维持数据分析、开发、运维的自治。数据资产化以后，可以把其收获分享给其他部门，有利于数据的生命周期的自动化管理。

数据资产化趋势就需要进行管理，对数据资产的管理过程其实就是资产全生命周期的管理过程。这个过程需要管理资产，设立资产策略，还需要分析资产的规划、投资、设计、建设、运行、维护、核查、变更、注销的整个过程，这一系列过程需要以数据的安全为基础，满足对数据资产的安全使用，实现数据资产的价值。

对于数据资产全生命周期管理过程可以分为以下四个步骤：

（1）战略规划。在大数据时代，数据战略规划的重要程度日益增加，根据企业内部业务发展的要求，就需要制订一个与数据资产相关的规划以及为消费者服务的战略。这个阶段主要是制订数据资产战略规划以及与这个规划有关的一些活动。

（2）注册入库。根据前一阶段的战略规划，开展数据资产的设计、建设与交付。根据所需要的内容展开分析，还需要满足战略阶段的规范，界定数据资产的结构等，这是资产管理的基本要素。这个阶段主要包括设计数据资产并根据所设计的内容开发资产、注册数据资产以及保护等活动。

（3）运营维护。在数据资产注册入库以后，需要有效地进行管理、监控，以此来保证运营过程中的健康。对资产数据的运营维护涉及的内容也是比较多的，主要有数据资产发布、资产稽核、监控告警、资产评估、资产审计、资产变更等。具体体现为给经过审核的用户提供数据资产，供他们使用；清查数据资产；监控数据资产的使用情况，及时地做好审计记录；全方位、多角度地分析数据资产的整个过程，展开评估，并根据评估结果完善数据资产的开展。

（4）注销报废。注销报废阶段所要做的工作就是，将没有作用的资产及时地清除，也就是资产的注销和报废活动。在这个阶段，已经没有效力的资产需要由管理者把资产注销，还需要运营者销毁资产对象。

在数据资产的生命周期中，还应该建立一系列的安全管理措施，以此来保证数据信息的安全。

第三节　大数据技术管理体系

现在已经步入大数据时代，许多新兴的大数据也应运而生，这也对企业提出了新的要求，根据时局的发展做出改变。大数据的规模性、高速性、多样性，也为企业大型数据集合与非传统数据结果的管理带来许多问题，可谓是充满了挑战。许多企业都在致力于提升它们的数据管理技能，扩展数据管理软件的投资组合。这有利于企业的业务流程更趋自动化，将更有价值的数据信息应用在业务系统之中，深入了解业务的操作、流程、客户等信息，提升企业的服务质量。

大数据的体系是从大数据的基础设施、数据的采集、存储、处理、交互展示、应用等方面考虑的，在这之中数据仓库和商业智能与传统数据管理是密不可分的，只需要在之前的基础上，对大数据的系统进行更新即可。另外，除了这些基本的要素之外，大数据技术管理体系还与大数据的事务管理、流程管理相关。并且大数据的技术管理体系与大数据的治理体系是相互联系的，应该把两者结合起来分析。

由企业大数据实践管理层面进行分析，虽然大数据还是处于发展时期的事物，但是有研究表明，有许多的组织和机构都在致力于探索大数据管理。不过这些研究一方面是对现存数据的改善，创建大数据的治理基础；另一方面则是获取新的数据，从 Web 服务器、传感器、社交媒体等不同的渠道来获取新的数据，将传统的数据与新发现的数据融合在一起，便于企业对大数据更好地管理。

由技术实践的角度展开分析，有四分之一的企业已经成功地扩大了现有的数据库，从全面的数据库中管理发展中的大数据量。还有四分之一的企业，利用新的管理和分析多源异构的大数据专用的数据管理平台而位于前列。不过除了这些，更多的企业是加快建设大数据的相关产品，推动了大数据的发展。

企业内部的各个组织和机构也在着力调整它们的技术，以期能够符合新发展的大数据管理。大多数在学习 ETL —— 数据的抽取、转换和加载来支持数据仓库和报表。这些准备对大数据的分析是有相同点的，也有不同之处。每个组织都在培训自己的工作人员，提升他们团队的整体效率，利用各方面的实践，从大数据中获取有利于自己企业发展的价值信息。

一、数据类型和结构

大数据的来源是十分广泛的，数据的类型也比较复杂。由于数据类型的繁多和数据环境的复杂，这也给数据的处理带来了许多问题。企业大数据战略建设的前提是拥有充足的数据量，这有利于企业扩大服务，提供更多有价值的东西，还有助于对多源异构数据的管理。

1. 结构化数据仍占主导

现在的数据管理中结构化数据占有很大的比例，许多企业都是结构化数据占主导成分。在这些数据中有一个非常明显的现象，这些结构化数据大部分是关系型的，从另一个方面显示出，关系型数据依旧是非常重要的。所以，DBMS、SQL 与其他应用于关系型数据的工具类型和技术对于管理大数据依旧十分重要。

2. 半结构化数据是主要的辅助数据类型

有一些企业的数据的管理并不是十分明晰，可能混合了多种数据类型，这种情况就组合成半结构化数据。例如，遵循 XML、JSON 和 RSS 标准的文件。这些文件大多是当作消息的一种格式，所以可以认为这些文件是事件数据，主要是为了辅助大数据。

3. 网络数据

Web 服务器和 Web 应用程序已经应用了许多年，并且现在大数据的主要来源是 Web 数据。虽然很多的企业拥有 Web 数据，但是并没有对此进行管理，其点击流也没有注意。对于大数据管理来说，从 Web 数据的分析和相应的 Web 优化角度着手，是一个极好的契机。网络数据可以认为是结构化数据与半结构化数据中的一种。

4. 社交媒体数据日益增加

网络时代中社交媒体的应用越来越广泛，虽然其兴起的时间并不久，但是其应用却得到年轻用户的广泛欢迎，用户数量与日俱增。现在越来越多的用户都会在社交网络上沟通交流，展开彼此的互动，所以对管理社交数据是势在必行的。社交媒体的应用有很强的互动性质，所以在管理社交数据的过程中，需要加强数据之间的关联。

5.其他数据开始兴起

随着科学技术的发展，物联网技术得到广泛的应用，还有其他服务的兴起，一些适应时代发展的数据开始兴起，如传感器数据、机器数据、地理空间数据等，越来越多的企业都在利用这些数据类型辅助管理大数据。

6.科学数据和监测数据

这类数据大多是科研机构和政府机构应用得较多。因为不管是哪一种形式的非结构化数据都需要较高的技术，这也就说明在存储管理方面，非结构化大数据的难度更高，比较经典的非结构化数据库的形式有电子邮件等。

二、数据存储管理

大数据其实是由众多数据构成的数据集合，其数量大、结构繁杂、类型多，并且在云计算的数据处理和应用模式的前提下，整合数据，形成资源能力。不同的数据，所要采用的大数据存储和管理方式是不同的。最常见的就是分布式文件存储类型的 HDFS 文件系统，在此系统的前提下还可以进行基于 MapReduce 计算框架的分布式文档处理。相对来说，Hadoop 的推广程度比较高，这也是因为 Hadoop 管理大数据方面的成效比较高，成本也较低。除此之外，作为数据类型不可知的文件系统，HDFS 管理也是应用比较广泛的，这部分的数据类型并不确定，可以是结构化的，可以是半结构化的，也可以是非结构化的。

一般来说，结构化数据与半结构化数据采用的存储和管理方式是一致的，一般都是运用 SQU、NoSQL、NewSQL。如果是基于 NoSQL 的存储方式，还需要进行更精细的划分，具体的选型可以借鉴下面的规格。

根据不同的分类标准，NoSQL 数据库有不同的分类方式，最常用的是根据数据存储模型和特点进行的分类方式，具体如下。

按照存储模型可以分为六类，具体来说，分别是列存储、文档存储、key-value、图存储、对象存储、XML 存储，这六类各有自己的独特之处。

（1）列存储。主要代表有 HBase、Cassandra、Hypertable，它的特点是按列存储结构。这种存储方式方便存储结构化和半结构化数据，还有利于数据压缩，针对某一列或某几列的查询具有优势。

（2）文档存储。主要代表有 MongoDB、CouchDB，它的特点是文档存储一般用类似 JSON（Java Script Object Notation）的格式存储，并且由名字就可以看出，存储的内容是文档型的，有利于搜索某些文字，实现关系数据库的部分功能。

（3）key-value。主要代表有 Redis、Riak、MemcacheDB、Tokyo Cabinet、Tokyo Tyrant、Voldemort、Scalaris、Berkeley DB，它的特点是能够利用 key 快速查询相应的

value，不需要考虑 value 的存储格式。

（4）图存储。主要代表有 NeO4j、FlockDB，它的特点是图形关系的最佳存储。如果使用关系型数据库存储的话，性能低，而且设计复杂。

（5）对象存储。主要代表有 Db40、Versant，它的特点是利用类似面向对象语言的语法操作数据库，通过对象的方式存取数据。

（6）XML 存储。主要代表有 Berkeley、DB XML、BaseX，它的特点是高效存储 XML 数据，并支持 XML 的内部查询语法，如 xouery、Xpath。

如表 2-1 所示是对存储模型的比较，不同存储模型的特点和性能是不同的，其存储结果也是不同的。从表 2-1 中可以知道，key-value 存储的方式是比较简单的，其性能、扩展性以及灵活性都是比较高的；与 key-value 存储相比，列存储的灵活性要差一点，但其功能多一点；另外，文档存储可以实现关系型数据库中的某些功能。

表 2-1　存储模型比较

	性能	扩展性	灵活性	复杂性	功能
关系型数据库	可变	低	低	适中	关系代数
key-value 存储	高	高	高	低	简单
列存储	高	高	适中	低	较少
文档存储	高	可变（高）	高	低	可变（低）
图数据库	可变	可变	高	局	图论

对于多渠道来源的数据，如果是采用一种存储方式，可能其存储的效果并不明显，无法满足存储需求，这就需要将不同的存储方案融合在一起。这也就说明，底层的存储架构中也许会存在文档存储，主要是用于存储语音、图片等数据，当然，也会包括其他的数据库。

三、数据仓库和商业智能

数据仓库是一个面向主题的、集成的、非易失的且随时间变化的数据集合，用来支持管理人员的决策。在关系型数据库管理系统的前提下，数据仓库平台的地位依旧是不可动摇的。无论是 SMP 架构，还是 MPP 架构，都是数据仓库的基本架构，但是一个大体的趋势是朝着 MPP 架构发展，主要是由于它处理大规模的数据具有很强的优势。

数据库系统作为数据管理手段，从它的诞生开始，就主要用于事务处理。在大数据时代，企业更多地选择分布式数据仓库体系结构。在多负载的大环境下，如果想要改进一个单一的数据仓库，希望通过这种方式让工作更有成效，其实这个想法实现起来是比较困难的，执行起来更是困难重重。很多数据仓库团队觉得，单一的数据仓库平台并没有特别大的作用。他们将传统的重点数据仓库平台保留下来，其他的工作则在另外的平台上完成，这也就充分地实现了数据仓库的价值。

　　权衡和选择数据仓库的体系结构的一种方法是计算它所支持的工作负载的数量。一般来说，基本的数据仓库大多都能支持最常见的工作负载，也就是那些标准的报告、绩效管理。而面对当今的海量数据，规模繁多的数据则需要更高级的分析以及详细的源数据的工作负载。所以，在高级分析的数据管理前提下，数据仓库的工作负载量大大地提高。

　　数据仓库按照数据的覆盖范围可以划分为两类，主要是企业级数据仓库（EDW）和部门级数据仓库（通常称为数据集市）。从企业级数据仓库到多平台的分布式数据仓库环境（DWE），这是一个逐步发展的过程。这种数据仓库更注重工作量，使得企业放弃了单一平台的 EDW，慢慢地转向物理分布式数据仓库环境。这也是大数据时代中数据仓库发展的一个趋势。一个现代的 DWE 是多个平台组合而成的，不仅有传统的数据库，还包括新的平台。与此同时，使得信息结果的获取更加准确。

　　商业智能技术可以为企业提供快速的数据分析技术和方式，主要包括收集、管理和分析数据，然后把这些数据转变为有价值的内容，再分发给企业的各个部门。

　　从操作的角度进行分析，在现在 BI、DW、数据管理和分析方面有一个很明显的趋势，那就是向实时增量移动的操作。举个例子，实时操作（BI 和分析）所需要的数据都是最新的，有一点无效的数据都是不行的，数据需要实时更新。为了完成这个目标，普遍能够看到的现象是实时数据融入 EDW。在应用方面，具体的例子是金融交易系统、业务活动监控、电子商务产品推荐等。

　　在 BI 的范畴之内，由于大数据的推广应用，泛 BI 的概念应运而生，并且在数据化运营比较广泛的企业内越来越被大家所接受。泛 BI 的普及，其实就是把数据分析应用的团队作用降低了，让越来越多的业务部门参与到数据的分析和研究之中，让企业工作人员对业务分析越来越熟悉，并且能够充分地应用数据。为什么会出现泛 BI 呢？其实也是在数据化运营阶段全民都要参与的特征决定的，只不过泛 BI 要比这个阶段更高级一些。在这个阶段，一方面员工需要积极地进行数据分析的具体应用；另一方面还需要他们自己能够开展一些数据分析应用的研究。随着泛 BI 概念的逐渐深入，这也就对数据分析的工作人员提出了新的要求，他们不仅要指导企业的员工应用数据分析，传授相关的知识，还要培养员工积极探索数据分析的精神。

四、数据计算和处理

　　数据存储管理是一个非常重要的工作，对于大数据的存储管理所采用的方式是不同的，可以采用 HDFS 分布式文件系统的方式，在其上的计算框架一般基于 MapReduce 并行处理，通常以大规模并行处理（MPP）的形式进行高性能数据密集型运算。MapReduce 是一个执行引擎，它能够为多种编程语言编写的手工编码例程供给多线程并行性。在分析中的具体应用程序是现在 Java、Pig、Hive 或 R 例程中编写的程序，然后在对程序进行分析，其次还需要让 MapReduce 以这种方式部署在 HDFS 上层，结果是一个高性能分析应用程序，可以扩展到大量的数据集上。

　　在大数据环境下，数据处理所针对的内容不仅仅是对数据的查询、统计、分析，还包括数据挖掘、深度学习、社交计算等内容。对数据的查询、统计、分析是比较浅层次上的分析，可以在 SQU、NoSQU、NewSQL 的架构基础上开展数据分析。然而，数据挖掘、深度学习、社交计算等内容属于比较深层次的数据分析。

大数据的种类繁多、数量巨大，对数据处理的实时性要求也是日益增大，所以，如果还是采用之前的存储方式，可能无法满足当前数据的要求。于是，在 Spark 交互式处理平台的前提下，类似 Storm、Spark、Streaming 的流式处理平台应用越来越广，逐步成为大数据实时计算和处理的主要方式。另外，在处理多数据流和多数据源关联的技术时，复杂事件处理机制 CEP 的普及更广。现在处理实时连续的数据，更多采用流计算技术，并且这种技术的发展极为迅速。

五、数据展示与交互

数据的计算结果需要采用最直观的方式呈现出来，一目了然，很容易被用户理解和接受，这就需要用到大数据的展示技术。曾经的二维报表和图标，以及现在的信息图、GIS 地图、2D/3D 图形渲染 / 动画，都可以进行交互和展示。与此同时，虚拟现实 / 增强现实 / 混合现实（VR/AR/MR）得到越来越广的应用，这些最新的技术受到大家的欢迎。特别是在大数据的教育、旅游、娱乐等领域，运用这些先进的技术，可以取得意想不到的效果，给用户很强的沉浸感。

从大数据技术的发展角度分析，已经产生了一种新的数据技术，也就是大数据的可视化技术。把探索式数据分析与可视化联系在一起，朝着敏捷可视化的趋势发展。敏捷可视化能够把多种数据源结合分布式存储以及内存存储，可以让用户进行可视化探索，这其中涉及多种可视化的组件，利用这些组件可以把数据之间的关联性放在一起，提高对数据的使用，还能够运用可视化的方法分析数据。在这样的前提下，用户能够按照业务的要求编写业务报告，创设企业的 Dashboard，还可以把数据的结果公布到企业的业务服务器上，在服务器上分析数据的结果。这有利于实现数据的实时交互。

第四节　大数据事务管理、流程管理与易用性管理

计算机日益普及，对于大数据的管理也是越来越重要，本节从大数据的事务管理、流程管理与易用性管理三个方面来概述。

一、大数据事务管理

事务指的是在工作单元执行的一系列操作，这一系列操作需要完全地执行下去，如果中间有停顿，将会导致操作的程序被更改。当然，事务也是并发控制的单位。事务是传统关系型数据库的逻辑工作单位，它是一个程序单元，是用户定义的一组操作序列。一个事务可以认为是一组 SQL 语句，或者是整个程序。

事务的开始与结束会受到相关程序的影响，这两个过程都可以被用户所控制，以此来管理相应的程序。假如说，用户没有定义事务，那就会被数据库系统自动地划分到事务的行列之中。

事务本来就存在着一定的属性，这样可以使得数据按照某种要求执行。关系数据库中事务的顺利操作需要符合 ACID 特性，也就是原子性（Atomicity）、一致性（Consistency）、隔离性（Isolation）和持久性（Durability）。如果是在比较强的一致性要求中，大数据的属性是无法使用的。面对这种状况，开发了一种新的 BASE 特性，也就是 Basically Available（基本可用）、Soft State（柔性状态）和 Eventually Consistent（最终一致）。

（一）事务的基本属性

事务的基本属性可以分为四种，即上面描述的原子性、一致性、隔离性和持久性。

1. 事务的原子性

事务的原子性指的是整个事务不能分割，要不就是全部的操作，要不就是都不操作，不能单独地进行。事务的这一属性，即使系统瓦解之后，依旧可以进行操作。在系统瓦解以后，可以把瓦解的数据重新恢复，用来恢复和撤销系统崩溃处于活动状态的事务对数据库的影响，从而保证事务的原子性。如果系统要对磁盘上的数据进行修改，之前的数据也会在磁盘中保留下来。当出现系统瓦解的现象时，可以按照磁盘上数据的记录，确定之前这个事务是什么状况，用这种方法来取消之前所做的修改，抑或把修改的操作再次执行。

2. 事务的一致性

事务的一致性指的是事务一旦提交生效，会把数据库从一个一致的状态转变到另一个一致的状态。这是需要在一致性原则的前提下，按照一定的逻辑属性操作，如在进行转账的工作中，转账的金额应该是一致的，这是一个必须执行的操作，从这方面也可以看出，事务的一致性与原子性也是存在一定关系的。事务在执行操作的过程中，必须保持一致性，在逻辑上它也不是单独存在的，需要由事务的隔离性来表示。

3. 事务的隔离性

事务的隔离性指的是在事务处理的过程中，事务处理的效果对于其他事物是完全不透明的。换个说法，一个事务内部的操作以及使用的数据对其他并发的事务是隔离的，各个执行事务之间是互不影响的。就算是有多个事务并发执行，每个事务也应该像是按串行调度执行一样。其实这个属性也可以认为是可串行性，即系统允许的任何交错操作调度等价于一个串行调度。关于串行调度的含义，指的是每次调度一个事务，这个事务的操作没有完成，不能进行其他的操作，是全部的操作都要完成，才可以进行下一个事务的操作。因为性能属性的原因，需要进行交错操作的调度，然而在某一方面这些交错操作的调度，应该与其串行调度是一致的。

4. 事务的持久性

事务的持久性指的是一旦提交了事务处理，那么事务处理的效果将会永久生效，不管是哪一个机器或系统出现问题，对数据库是没有影响的。例如，自动取款机（ATM）在向客户支付一笔钱时，就不用担心丢失客户的取款记录。事务的持久属性会保证数据库内的信息是一直存在的，就算是系统故障，其数据信息依旧存在。

（二）大数据事务管理机制

一般来说，HBase 和 Cassandra 等 NoSQL 数据库主要提供高可扩展性支持，相应地，在一致性与可用性方面，也会做出一定的舍弃，并且在对传统的 RDBMS 的 ACID 语义、事务支持等方面存在不足。所以，大数据系统的研究人员正在致力于将传统的关系型数据库与 NoSQL 数据库相结合，为事务的顺利执行提供保障。下面用谷歌的 Megastore 数据库来表示大数据的事务管理机制。

Megastore 使用同步复制来达到高可用性和数据的一致性视图。为了完成这个目标，它在 DBMS 和 NoSQL 之间选择了一个适中的内容，双方都可以接受。这就需要对数据进行分区，每个分区都需要进行复制，但是分区与分区之间只确保有限的一致性。

Megastore 的底层数据存储需要依靠 BigTable 的帮助，即在 NoSQL 的前提下完成的。和传统的 NoSQL 不同的是，它实现了类似 RDBMS 的数据模型，并且供给数据的强一致性解决方案，还把数据进行细颗粒度的分区，不过这个分区指的是同一个数据中心。另外，还需要把数据更新在机房里进行同步复制。BigTable 具有一项在相同行 / 列中存储多个版本带有不同时间戳的数据。因为它的这个属性，使得 Megastore 实现了多版本并发控制 MVCC：当一个事务的多个更新实施时，写入的值会带有这个事务的时间戳。读操作会使用最后一个完全生效事务的时间戳以避免看到不完整的数据。读写操作不相互阻塞，并且读操作在写事务进行中会被隔离。

具体来说，一个事务的完整的生命周期分为以下五个过程。

（1）读。其实指的是从时间戳和最后一个提交事务中获取日志的位置。

（2）应用逻辑。这个方面指的是从 BigTable 服务数据，并且聚集写操作到一个日志的入口。

（3）提交。可以采用分布式同步机制把日志入口加到日志中。

（4）生效。指的是把数据更新到 BigTable 的实体和索引之中。

（5）清理。清除已经没有作用的数据。

如果要实现这类的大数据事务，还需要借助于 MVCC 多版本并发控制和分区的复制机制，所以大数据的事务管理所要考虑的内容应该全面。

二、大数据流程管理

在企业的管理领域，业务流程管理（BPM）的思想从很早之前就已经有了。在20世纪90年代，美国著名的管理学者、MIT教授Michael Hammer结合前人的结论加上当时的时局，提出了"业务流程重组"和"业务流程改进"的思想，这为企业流程管理做了铺垫。

在IT技术领域，业务流程管理并没有一个统一的要求，其内涵也在不断地变化，不管是侧重于哪一个方面，人工交互的工作流系统也好，分散系统之间整合的企业应用集成也好，都认为企业是业务流程产品的提供商。在经过不断的研究和分析之后，Gartner从各个方面对业务流程管理做了详细的说明，并在此基础上提出要实现企业端到端之间的流程管理。

在企业内都会有对流程的应用，这个流程其实说的是端与端之间的过程，换句话说，产品的制造需要从客户需求端的角度出发，其另一端要符合消费者的要求。要想实现这个管理目标，企业在对流程的管控之中需要有更高的标准。

（1）整个流程之中的产品应该符合工作流的性质，当然还要满足企业级集成能力，对于不同的业务也可以采用一个标准进行集成。在产品的制造过程中，企业还要考虑降低IT建设成本，提高生产效率，这要求多个应用系统之间能够共享同一流程产品。有的企业其发展规模比较大，各方面的工作都比较完备，可能会有多个流程产品，但这些产品并不是都具有企业级流程平台的规格，这就需要再次地规划流程平台，让多个流程平台可以同时工作，充分发挥各流程产品的特性。另外，如果一个企业中有好几个开发团队，还需要统一标准。

（2）因为流程产品还具有其他性质，如业务含义和技术实现，所以，很多企业的IT部门都有一个要求，那就是业务部门的工作人员可以加入流程设计与开发的工作之中，来保证流程的运营过程中各方面都是完备的，可以降低业务部门与技术部门之间的沟通成本。与此同时，还可以提升业务人员对产品的体验过程，让业务人员可以熟练地掌握各个操作过程。

（3）为了使业务人员能够更简单地应用流程和维护流程，可以在流程管理平台采用监控图，让业务人员非常直观地发现问题，还可以把业务管理的几个流程统一起来管理，随时观察业务流程的变化情况。

（4）企业为了提高自身的能力，需要改善流程，建立一个改善流程的指标体系，在流程中收集相关的数据，并与其他数据进行比对，找出问题并及时解决问题。

在大数据时代，各方面的要求都很高，业务流程管理也是困难重重，这就需要整合多源异构的数据，并且还需要进行大容量、高性能的分析处理要求。特别是在行业的应用管理之中，经过多年的经验，各方面都趋于成熟。所以面向这类行业应用的大数据处理平台，更多的是需要解决海量数据的存储和大规模计算资源及计算任务的管理调度问题。很多情况下各种各样的计算流程构成了行业应用，组织、处理流程就成为非常重要的内容。

在 Hadoop 的生态体系的前提下，还可以供给 Oozie 工作流管理系统。Oozie 工作流运用有向无环图（Directed Acyclic Graph，DAG）去定义工作流程。其中定义了一组动作（如 Hadoop 的 Map/Reduce 作业、Pig 作业、子工作流等），以及动作执行的顺序，可以采用 hPDL 语言叙述有向无环图。

hPDL 是一种非常简明扼要的语言，只能运用少数流程控制和动作节点。控制节点可以控制执行的流程，这个流程是从工作的起点到终点的，当然，还包括控制工作流执行路径的机制。动作节点是一些机制，利用这些机制的工作流可以触碰到其他的执行计算或处理任务。

Oozie 是比较高级的流程管理，它只是提供一种多类型作业依赖关系表达方式，并且能够通过这种关系提交作业。Tez 是 Apache 最新的支持 DAG 作业的开源计算框架，它可以将多个有依赖的作业转换为一个作业从而大幅提升 DAG 作业的性能。Tez 在更底层提供了 DAG 编程接口，用户编写程序时直接采用这些接口进行程序设计，这种更底层的编程方式会带来更高的效率。

三、大数据易用性管理

大数据会有很多的流程，从采集到分析再到管理，都离不开易用性的作用，它在整个过程中都有存在。不过大数据的海量性、多样性，也给大数据的易用性带来了许多问题。一方面因为信息化时代的数据繁多，所要分析的数据也众多，这就给数据的分析带来巨大的麻烦，并且分析的结果也不统一，各种各样的结果都存在。另一方面，人们生活的许多方面都有大数据的影子，大数据分析开始应用在各个行业之中。然而在行业方面的分析并不是十分准确，他们并不是专业的数据分析家，只不过是行业的研究人员，在复杂的大数据面前，他们只是初级的使用者。繁杂的分析过程以及无法解释的分析结果，都带来许多无法预料的问题。这两个主要的原因也给大数据的易用性管理带来了巨大的难题。现在众多的学者、专家都在致力于对大数据易用性管理的研究，但是其研究仍未取得较大发展。按照设计学的理论进行分析，易用性主要体现在三个方面，易见、易学以及易用。想要实现这个目标，具体有以下三大原则。

1. 可视化原则（Visibility）

可视化原则指的是当产品送至用户的手里时，用户大体了解产品应该如何使用，并且其最终的结果也要能够直观地表现出来。不过在以后的发展中，大数据的处理方式以及自动化依旧是个很大的问题。

2. 匹配原则（Mapping）

在人的潜意识中，会根据已经存在的工具去考虑新工具的使用。举个例子，提及数据库，通常都会想到采用 SQL 进行查询数据。在设计一个新工具的时候，可以先将之前已经有的经验考虑进去，这会使得新工具的使用更加顺利，这指的就是匹配原则。怎样把已经存在的数据处理方式和新的大数据处理技术联系在一起，就是大数据易用性管理需要着重考虑的事情。

3. 反馈原则（Feedback）

对于一个流程来说，想要保证完整性，就应该考虑反馈的步骤。带有反馈，能够让人们随时地了解自己的工作进度。在大数据领域，关于反馈的研究是比较少的，在大数据时代，可能很多的工具都比较复杂，许多人都不知道如何操作，对于日常用户来说，这些复杂的工具和黑盒子差不多，应用困难，还没有反馈性。如果在大数据处理中引入人机交互技术，能够大大提高用户的反馈感，促进了大数据的易用性管理。

符合以上三个原则可以达到良好的易用性。从技术的角度进行分析，可视化、人机交互以及数据起源技术，都可以从自己的层面上提高易用性。

第三章

"互联网+"时代的财务管理观念与理念的创新

"互联网+"时代，给各国经济发展带来了新的机遇，也给经济不发达地区带来了新的挑战。科技的发展在不断地影响着组织机构、企业模式、管理思想，这些因素都对企业财务管理产生了巨大的影响。财务管理作为企业管理的重要领域，其面临的内外环境日新月异，财务管理观念和理念只有不断创新才能适应高速发展的市场需求。

第一节　"互联网+"时代财务管理观念创新

财务管理观念是人们在长期的生产实践中逐步形成的对财务事项和财务行为的基本看法和认识，是指导财务管理实践的价值观，也是思考财务管理问题的出发点。财务管理观念是一种相对稳定的群体意识，它作为社会、经济和企业文化的一个子属，蕴含着民族精神、价值观、企业管理哲学和经营思想，为团体成员所接纳，决定和影响着财务管理活动。由于企业所处的财务管理环境瞬息万变，在不同的财务管理环境中，企业财务管理的重点不同，财务管理观念就需要创新，因此研究企业财务管理观念创新有着极其重要的现实意义。

一、传统财务管理观念

1.财务管理筹资观念阶段

15世纪末16世纪初，在地中海沿岸的商业城市出现了以商人、王公、大臣、市民等入股的商业股份组织。这种组织的出现要求企业有效筹集所需要的资本，而有效筹集资本的前提是合理地预测所需要的资本数量。在这个阶段，企业对资本的需求量并不是很大，企业的筹资渠道和筹资方式比较单一。因此，企业的筹资活动仅仅是作为企业生产经营的附属，没有形成独立的职能部门。

直到19世纪末20世纪初，在欧洲和美国发生了第二次工业革命，这次以电力革命为核心的工业革命主要发生在铁路、纺织和制造业等产业部门。之后，钢铁冶金、内燃机、运输、电力、化工合成以及电信技术等部门迅速发展，生产规模不断扩大，各个生产部门之间的关系更为密切，个人资本在社会发展中表现出越来越明显的局限性。在这样的情况下，股份制企业发展迅速，已经成为占主导地位的企业组织形式。股份企业的发展导致资本需求的扩大、企业筹资活动的加强，以往的筹资渠道和筹资手段已经不能适应迅速发展的股份制企业，迫使筹资渠道和方式发生重大的变化。在这种情况下，企业财务管理部门逐渐从企业管理中分离出来，形成独立的管理部门。

在这个阶段财务管理观念的主要特点是：第一，财务管理观念的重点是预算和筹集正常生产经营所需要的资金，而对于如何投资和资本如何营运考虑得很少；第二，财务管理的目标是股东财富最大化，持有这种观点的人认为，企业自上而下发展的主导因素在于企业所拥有的资本，而企业正常运作所需要的资本主要来自股东，股东投资企业的目的是扩大自己的财富，股东作为企业的所有者，企业理所应当追求股东财富最大化。在股份制企业中，股东所拥有的财富是由股票的数量和股票的市场价格来决定的，所以，在股票数量既定的前提下，企业拥有股票的市场价格决定了股东所拥有的财富。

这个阶段的主要研究成果有：1987年，美国人格林（Green）在《公司财务》一书中详细地阐述了企业如何筹集资本的问题；1910年，米德（Mead）也出版了《公司财务》，在这本书中，他主要研究的是企业应该采用什么筹资方式能更加有效地筹集资本。

2.财务管理内部控制观念阶段

20世纪30年代，美国的财政预算总是出现财政赤字，美联储错误的财政政策和货币政策导致了美国很多行业萎靡不振，反映在证券市场上就是证券市场的全面崩溃。这次经济危机是资本主义市场爆发最持久、影响最深刻的一次危机。这次经济危机给资本主义经济带来了极大的破坏，使得各国的生产倒退了几十年，资本主义制度面临着前所未有的考验。

在这个阶段，对于企业而言，如何快速走出经济危机带来的巨大阴影，迅速地恢复生产成为首先要考虑的问题，在这样的思想指导下，财务管理观念重视内部控制显得尤为重要。而对于各国政府来说，为了保护投资者的合法权益，政府开始加强了对证券市场的监督和管理。政府监管力度的加强客观上要求企业必须加强内部控制。1936年，美国颁布了《独立公共会计师对财务报表的审查》，首次定义了内部控制：内部稽核与控制制度是指为了保证企业现金和其他资产的安全，检查账簿记录的准确性而采取的各种措施和方法。

在这个阶段，财务管理观念的主要特点是：第一，财务管理不仅要重视筹集资本，而且要有效地实现企业内部控制，做到事前防范、事中控制和事后监督，以达到资本利用率最大化的目的；第二，需要遵守政府制定的各项法规政策，在各种法规政策的指导下制定企业的财务策略。

这个阶段的主要研究成果有：为了加强对证券市场的监管，1933年和1934年美国分别制定了《联邦证券法》和《证券交易法》，严格规定了企业证券筹资的各种事宜，要求企业必须按照法律规定发行债券筹集资本。美国的洛甫（Lope）在他的《企业财务》一书中第一次提出了对资本周转进行有效管理的观念，后来英国的罗斯在《企业内部财务论》中也强调了资本的有效运用是企业财务管理的重心。

3. 财务管理投资观念阶段

第二次世界大战结束之后，各国将重点放在了恢复经济上。在很短的时间里，国际之间的交流增加，使得市场向国外延伸，跨国企业崭露头角。在市场环境日益复杂的这个阶段，科学技术迅速发展，产品种类极大丰富，更新换代速度加快，金融市场也逐渐繁荣起来，此时，各国竞争的重点既不是筹资规模的扩大也不是产品数量的增加，财务管理人员的首要任务是解决资金的利用效率，因此财务管理的重点放到了投资问题上。

20世纪70年代后，金融市场发展迅速，金融工具的种类大大增加，在这样的情况下，企业与金融市场的联系越来越密切。认股权证、金融期货等广泛应用于企业筹资与对外投资活动，使得财务管理理论日新月异、逐步走向完善。

在这个阶段，财务管理观念的主要特点是：第一，财务管理的重点在于投资问题，也就是如何有效地使用资金；第二，金融工具的发展推动了财务管理理论的发展，使得投资决策日益成熟。

这个阶段的主要研究成果有：1952年，马考维兹（Markowitz）提出了投资组合理论的基本概念。1964年和1965年，美国著名财务管理专家夏普（Sharp）和林特纳（Lintner）在马考维兹的基础上做了深入研究，提出了"资本资产定价模型"。这两个理论详细地介绍了资产的风险与预期报酬率的关系，得到广大管理者的认可。它不仅将证券定价建立在风险与报酬的相互作用基础上，而且大大改变了企业的资产选择策略和投资策略，被广泛应用于企业的资本预算决策。

20世纪70年代中期，布莱克（Black）等人创立了期权定价模型，解决了长期以来困扰投资者的期权合理定价问题。这个阶段，在现代管理方法的指导下，投资管理理论从萌芽逐步发展并且逐渐成熟，主要表现在：一是建立了合理的投资决策程序；二是形成了完善的投资决策指标体系；三是建立了科学的风险投资决策方法。

4. 财务管理风险防控观念阶段

20世纪70年代末和80年代初期，一场来势汹汹的通货膨胀袭击了西方世界，这次通货膨胀影响范围广、持续时间长。在通货膨胀率迅速上升的情况下，推动了利率的上升，这就使得企业在筹集资金的时候支付的利息增多，企业筹集资金的难度增大；而与利率反向挂钩的金融产品的收益逐渐下降，在这样的情况下，它们为了继续吸纳顾客，只能降低自己的市场价格，有价证券开始贬值。物价的持续上涨，使得企业的利润增加，但是这个增加却是物价上涨导致的虚增，在利润增大的前提下，企业的所有者要求分得更多的利润，最终的结果就是资金流失严重。在这个阶段，财务管理面临的主要问题是如何对付通货膨胀。

20世纪70年代末，发展中国家为了发展民族经济、改变落后的面貌，掀起了一股借债高潮，他们却错误地把借入的资金用于消费，或者是投资于那些成本高、收入低的项目中去。到了20世纪80年代，西方发达国家为了消除通货膨胀给国家造成的影响，纷纷放缓了经济的发展，并且采取了高利率的财政政策，加重了发展中国家还本付息的负担，债务危机的爆发不仅对发展中国家影响很大，对那些发达的工业国家也产生了不利的影响。这使得国际经济环境非常不利，导致企业的筹资、投资环境极其复杂。这个阶段，规避风险和获取收益是企业财务管理必须同时考虑的两大方面。高收益是和高风险相伴而生的，在市场经济条件下，完全高收益低风险的项目是不存在的。

在这个阶段财务管理的主要特点是：加强了对财务的风险评估和风险防范。

因此，企业在其财务决策中例如效用理论、线性规划、博弈论、概率分布、模拟技术等数量方法的应用越来越多。财务风险问题与财务预测、决策数量化十分相关。这就要求企业的财务人员必须树立一个新的以风险为导向的财务管理观念，通过科学的策略和方法，及时有效地防止和管理财务风险。

5.财务管理精准核算观念阶段

20世纪90年代中期以来，计算机、电子通信和网络技术的飞速发展，使得数学、统计、优化理论和计算机等先进的方法和手段广泛地应用于财务管理活动，计算机技术和财务管理理论实现了快速的结合。在这个基础上，在计算机环境中创建了各种财务模型，并通过这些财务模型实现了财务管理。所以，财务管理面临着一场新的革命，财务管理向精确方向飞速发展。

筹资决策的计算机分析模型是指利用计算机工具，对企业的筹资成本进行比较选择，从而选择成本最低的筹资方式，以满足企业对资金的需求。筹资分析的借款分析模型中，财务人员可以根据不同的借款金额、借款期限、每年还款次数中任意一个或几个因素的变化，来分析每期偿还金额的变化，从而做出适当的决定。

投资决策的计算机分析模型主要借助于计算机语言工具，通过改变与投资项目风险和收益有关的参数，就可以得到考虑投资风险后的各项评价指标，从而很迅捷地实现投资方案的收益和风险对比。

在企业中流动资金在流动资产中的比重很大，科学的管理流动资金对于保持企业自身的流动性具有很大的现实意义。流动资金的计算机分析模型，包括应收账款赊销策略分析模型、最优经济订货批量模型和最佳现金持有量决策模型。在计算机模型中通过输入不同方案自动生成分析结果，而方案中任何一个因素的变化，也会得到不同的分析结果，从而为财务人员的决策提供最佳的方案。

在计算机、电子技术和网络技术基础上发展起来的财务管理，克服了以往传统财务管理的缺点，适应了现代化经济的发展需要。所有的财务模型都可以借助计算机这一工具，快速生成相应的结果，为财务人员做出合理的决策提供依据，不仅使得财务管理工作更加有效，而且给企业带来了显著的经济效益。

二、"互联网+"时代财务管理观念的创新

观念决定思路，思路决定出路。财务管理观念是企业制定财务管理战略、践行财务管理活动的指导思想，财务管理观念是财务管理工作的重要基础，它对企业财务管理内容、方法以及工作质量有着非常重要的影响，企业财务管理观念先进与否，直接决定着企业的经济效益，关系着企业的发展壮大。所以，面对"互联网+"时代的财务管理环境，我国企业适时地创新财务管理观念就显得尤为重要。

1. 责任观念

当前企业的发展中，存在着责任缺失的现象：第一，企业社会责任缺失。随着社会的发展和经济的进步，企业社会责任并没有完全跟上时代发展的步伐，企业社会责任不强甚至缺失事件的发生，带来一定的负面影响。个别企业为了追逐经济效益、获得更多的利润，不惜以污染环境、浪费资源、牺牲社会的整体利益为代价，严重损害了消费者和其他利益相关者的合法权益。"互联网+"时代，企业社会责任缺失不仅仅是企业自身的问题，也是影响社会健康发展的不利因素。第二，大股东侵害中小股东的利益。在我国，由于资本市场相关制度不够完善，股权的相对集中使得中小股东处于相对劣势的地位。大股东侵害中小股东利益不仅挫伤了中小股东的投资热情和积极性，也阻碍了企业的发展，还会对我国证券市场的资源配置产生不利的影响。

（1）财务管理应更加重视社会责任。美国企业 IBM 确定了"为员工利益，为顾客利益，为股东利益"三原则，企业财务管理目标也要考虑各相关主体的利益。企业作为市场的主体，也是财务管理活动的主体，所以，财务管理目标的现实选择应是股东主导下的利益相关者财富最大化。它的内涵是出资者与其他利益相关者权益的共同发展，从而达到企业或企业财务管理在经济、社会目标上保持平衡。

（2）完善企业内部社会责任。具体包括如下几方面：

第一，保护股东尤其是中小股东的合法权益。一是在大股东掌握企业信息的情况下要保护中小股东的知情权，以免在信息不对称的情况下，发生大股东侵犯小股东权益的事情；二是加强中小股东在董事会中的表决权，中小股东有权参与企业方针政策的制定和投资计划。

第二，加大员工社会责任投入。就是要做到以人为本，在财务管理的过程中要高度重视人、充分激励人。为了实现企业的财务管理目标，在财务管理中应该广泛地开展以下的

活动：一是自主管理。财务管理活动参与生产和经营领域的各个方面，与财务状况和经营成果的大小是密切相关的。为此，应该明确企业部门、各层次、各级员工职能并使其各司其职，实行自主管理。二是全员参与。把员工看作财务管理的伙伴，让员工参与到财务目标和企业重大决策的制定中来，并且一起讨论相关的政策。同时要鼓励员工关心企业，将自己的目标与企业的目标结合起来，与企业荣辱与共，不断开创企业财务管理新局面。

（3）完善企业外部社会责任。具体包括如下几方面：

第一，健全债权人完善机制。银行作为企业最大的债权人，在企业资不抵债的情况下遭受损失最大的是银行，所以银行可以参与到企业的治理中去，一方面可以迅速了解企业的生产经营情况，获得完整的信息；另一方面可以积极参与企业的各项决策，使得企业朝着良好的方向发展。

第二，对供应商全面负责。一是要遵守合同，履行自己的权利和义务，及时支付供应商的款项；二是不能因为自身遇到了不公平竞争，就对供应商提出苛刻的要求，这种行为不可避免地会导致企业与供应商的双输，甚至对其他利益相关者造成不利的影响；三是不能因为企业自身处于付款方的地位而对供应商提出各种不合理的要求。因此，企业的财务管理活动必须要考虑供应商的因素。

第三，加强监督和完善消费者市场。一是建立规范的信息披露机制，让消费者全面地了解商品的各种信息，做出最好的选择；二是消费者作为产品的使用者，有权利要求企业对产品的质量负责，监督企业产品的合格与否；三是企业在公关危机时，要召回产品并且及时道歉，而不是为自己的失误寻找借口。

第四，企业履行环境责任应当做到：一是节约资源，保护生态环境；二是努力改善企业所处的环境，防止生态环境恶化。这就要求企业日常努力培养和提高员工的环保意识，坚决不破坏环境、不浪费资源，一旦对环境造成破坏，要尽快地弥补。环境责任作为一种典型的社会责任，需要企业高度重视。

第五，完善慈善事业机制。政府要明确规定慈善事业的范围，引导企业积极参与社会公益事业，同时政府部门应该明确规定企业应该承担的责任，从法律上约束企业积极参与并且完成社会公益事业。

2. 智能化观念

全球科技的迅猛发展引发了世界性的科技革命，使产业发展发生了极大变革，推动了人类社会的进步。特别是 20 世纪 90 年代以来，以数字化和网络化为代表的信息技术的快速崛起以及以计算机相关的信息产业的高速发展，对人类的生活和社会经济都产生了巨大影响。而财务管理以及企业管理也都在信息技术和信息产业的带动下，发生了极大变革，成为新发展的里程碑。

"互联网＋"时代，企业为了获得更多的生存和发展机会，纷纷走上了联合、收购、重组、兼并等道路，企业的规模也随之越来越庞大，产生了很多巨型企业。而这些巨型企业在面对全球经济风云变幻时，也会受到更大的冲击。为了应对风险，跨国企业更需要对企业财务进行集中统一的管理，减少分立的财务管理所产生的影响因素。这些需求在传统的独立计算机以及局域网中很难实现，由于这些限制而产生的财务决策不及时和资金调整延迟等问题带来的巨额损失比比皆是。

企业财务管理智能化这一先进财务管理模式的兴起为上述需求提供了解决方法。在财务管理国际化日益发展的当下，跨地区的企业可以通过网络技术对不同地区的分支机构进行人工智能化的统一财务管理，使分企业或者分营业单位的财务活动相对独立出来，由总企业进行智能化统一的管理，而分企业可以通过财务管理平台智能地对各营业单位的财务进行查询。与此同时，分布在不同区域的人员也可以通过网络的互动功能进行共同决策，集合各方面和各层次的信息和智慧，群策群力更科学有效地进行决策。

（1）财务管理智能化的含义和优势。随着信息技术的不断发展，其技术含量及复杂程度也越来越高，智能化的理念开始逐渐渗透到财税行业。智能化财务管理是由现代通信与信息技术、计算机网络技术、行业技术、智能控制技术汇集而成的针对财务、税务及财务管理应用的智能集合。通过信息化与智能化实现企业对集团的信息与资源共享，将企业的财务管理能力延伸到企业的各个角落，使得企业的领导可以及时地了解下属单位的资源和财务情况，并随时做出活动安排。

智能化财务管理实现了财务活动和资源的有机结合，使得资源的使用率达到最大化，同时大幅度提高了管理者的工作效率。智能化是企业财务管理的重要手段，而智能化财务管理的基础是企业管理的信息化和网络化，离开了大数据信息和互联网，智能化财务管理也就失去了依托。

智能化财务管理观既然可以成为时代发展的主旋律，必然有其独特的优势：

第一，大数据优势。业界将其归纳为 4 个"V" ——Volume，Variety，Value，Velocity。大数据优势指的是通过"互联网 +"平台，传递数据的体量更大（Volume）；数据类型更多（Variety），包括视频、图片、地理位置、网络日志等信息；价值密度更低（Value），以视频为例，连续不间断监控过程中，可能有用的数据仅仅有一两秒；数据的传递速度更快（Velocity）。长久以来，按照传统的方式投资者并不能获得投资决策所需要的全面的信息，由于收集信息手段的落后以及地域的局限性，使得投资者得到的信息往往是不全面的。"互联网 +"时代，投资者不仅在任何地方任何时间都可以收集到自己需要的各种信息，还能利用智能化决策。

第二，成本优势。在传统的财务管理模式中，企业的规模扩大往往伴随着许多营业网点的建立，每个营业网点建立之后又要建立独立的部门，这就增加了企业的成本，而营业网点直接的沟通与交流会产生巨大的通信费用。但是在智能化财务管理模式中，这些成本费用都可以忽略了，企业可以通过网络实现对各个营业网点的监督和控制。

第三，时空优势。智能化财务管理克服了传统的财务仅仅局限于桌面上的形式，使得在地球的任何地方都可以随时地进行财务活动，真正做到了不限时间和地点，方便了客户，增加了企业的经营效益。

第四，效率优势。时间就是金钱，在财务管理活动中投资者要花费很多的时间、精力、财力去搜集所需要的信息，并且要选择最佳的投资决策。随着网络的发展，企业分析信息并做出最佳的投资决策都可以利用智能机器人来实现，提高了投资者的工作效率，也使得决策更加精确。

（2）智能化财务管理观念的现实意义。具体如下：

第一，有利于工作效率的提高。对于那些大型的集团来说，下属的单位可以直接使用总部的各项设施，这就保证了整个企业的一致性和规范性，这样的好处是将大数据自动按照条件归类、总结、获取，从而更加方便地进行横向、纵向的比较和分析。智能化财务管理还可以适应企业内部的各种组织形式，为企业内部管理提供了方便，总部可以通过网络随时智能地对各个下属单位的财务状况进行查询，从而对企业的所有情况有一个准确的把握，通过网络把各个单位组合成为一个联系密切的整体，大大地提高了总部处理问题的效率和准确率。

第二，使得网络智能办公模式成为现实。通过财务管理信息系统，把企业的所有财务数据按照企业的组织形式储存在云端，实现了数据的统一管理，财务人员可以通过这个系统获取自己想了解和查阅的财务信息，而财务人员也实现了随时随地办公；同时，网络使得财务管理人员与企业其他部门的在线交流成为现实，为下一步的财务手段创新打下了坚实的基础，为企业的改革提供了一个非常重要的平台。

第三，充分发挥事前和事中控制职能。传统的财务管理模式是分析一定时间内所提供的财务报表，这样导致财务人员只能对有些事情采取事后弥补的手段。而如果利用大数据的信息化与智能化，总部可以随时通过云端的大数据财务信息，及时了解各个下属单位的资金情况、收入情况、销售情况和利润情况，实现了财务信息的实时处理和传递，可以及时发现下属单位存在的问题，为决策提供更加合理的信息和资料，降低企业面临的种种风险，实现了事前和事中控制。

第四，提高了财务人员的综合素质。通过企业内部的云平台建设，财务人员不仅仅局限于财务知识的学习，也开始了解和掌握计算机、互联网、云技术等相关知识，那些单纯从事计算机工作的人员也开始学习财务知识。而智能化的同时，财务人员可以从日常烦琐的计算、编制财务报表等工作中解放出来，从事管理工作，真正为企业提供全面的复合型的人才，这些都是企业在"互联网 +"时代获得竞争优势的中流砥柱。

（3）实现智能化财务管理的措施。互联网、大数据、云技术等对生产、生活等社会各个方面都会产生极大的影响，在我国推进企业财务管理的智能化也是非常必要的。这就要求我们做到以下四点：

第一，安全策略。在财务系统的内部和外部，总是存在着各种干扰和威胁，为了抵御这些干扰和威胁，应该加强对信息的输入、输出和传输的控制，严格地监视信息的传输是否合法。对于整个网络财务系统的各个层次，都应该采取安全的防范措施，建立一个多层次的综合保障体系。

第二，提高智能化财务管理的意识。智能化财务管理的意识要求企业的财务人员敢于解放思想，与时俱进。传统的财务管理是以人工为主，每一次的变革都会给企业的人员带来不同程度的痛苦，企业的财务人员不能只看到思想的变革给人们带来的痛苦，还要意识到这个大趋势给企业带来的机遇和挑战，积极配合领导的安排，做好财务管理走向现代化的准备。

第三，健全网络财务管理法律法规建设策略。明确地规定财务人员应尽的义务与应该承担的责任、财务信息的标准和要求，以及监督机构的权利等。应尽快建立和完善电子商务法规，提高对网络犯罪的打击力度，为电子商务的顺利进行和网络财务信息系统的正常运作提供一个安全的外部环境。

第四，网络财务技术人才策略。随着智能财务的飞速发展，加强学生智能网络技术教育和现代信息科学的教育和培训势在必行。我国高等教育应该调整目前的财会教育体制，更新教育手段和方法，重视实践和操作，加快改革高等院校财会专业的教学内容，培养学生的适应能力和创造能力来适应"互联网+"时代。

3. 绿色观念

20世纪70年代以来，人们在探索自然方面取得了辉煌的成就。宏观上人们已经走出地球走向外太空，微观上人们的研究领域已经深入到原子核内部。随着科技的进步，这样的发展似乎可以持续下去，人们的生活会越来越美好，但是事实上并不是这样的。传统的发展模式给人类的生存制造了各种危机，首先是资源问题。传统经济发展依靠的是不可再生的自然资源的消耗。其次是环境污染问题。经济发展导致的大气、水、声音、固体等污染对人们的生存产生了极大的威胁。最后是土地沙漠化严重、原始森林和稀有物种大幅度减少。

当代发生的各种危机，使得人们对自己的进步产生了极大的怀疑，西方的一些不可持续的发展模式和道路适合人类的发展吗？正是在这种背景下，人们开始选择了可持续发展的道路。可持续发展是既满足当代人的发展需求，也不对后代的需求能力产生影响的发展。可持续发展的战略要求企业的财务管理活动必须坚持绿色观念。

财务管理工作是管理工作的核心，绿色观念的基础是绿色管理工作，而绿色管理工作指的是把保护环境的思想时刻融入管理工作中，目的是解决企业与社会的生态环境问题。财务管理的绿色观念要求从资金和资金运动的层面去协调企业的财务管理目标和环境问题以及资源问题。

（1）绿色观念的现实意义。绿色观念就是指企业在实现自己利益的生产活动中不能只顾自己的利益而不顾子孙后代的发展，要充分使用有限的自然资源，使资源的使用率尽量提高，同时还要遵守国家的法律法规，自觉保护环境的一种综合的财务管理观念。绿色观念目的是在保护环境和充分合理使用有限资源的前提下，实现企业的利益最大化，实现企业与社会的可持续发展。绿色观念的核心是将获得利润、节约资源和保护环境有机结合。财务管理绿色观念的现实意义有：

第一，财务管理的绿色观念是企业长远发展的需要。传统生产方式下，企业对资源的利用率非常低，一般是投入的多但是产出的少，这就导致了对资源的严重浪费以及对环境的破坏和污染程度大大提高。一是资源的利用率低会使得企业对资源的需求量大增从而提高企业的生产成本；二是环境污染之后重新治理，所用的资金或许比一开始就采取措施降低污染更多，这在无形中又增加了企业的成本，这些都严重制约企业的长期发展。现在国际上很多企业已经开始把是否拥有环保证书作为企业的标志，用来衡量和评价企业在环境保护工作上做出的努力程度。所以，为了企业的发展更加长远，企业必须要自觉地将财务管理的绿色观念深入到企业生产的各个部门以及环节，才能始终保持优势，获得可持续发展。

第二，树立财务管理的绿色观念是实现我国经济可持续发展的需要。一是财务管理的绿色观念和可持续发展两者的目标是相同的。两者的目标都是为了在获得经济效益的同时获得社会效益，也就是企业经济在快速发展的同时，要合理地开发自然资源和保护生态环境，使得资源和环境不仅仅可以满足当代人的需求，也能满足子孙后代的发展需求。二是可持续发展观是财务管理的绿色观念的理论基础。企业有必要时刻把可持续发展的理念深深融入筹资、投资、资本营运和股利分配的全过程中去，所有企业在生产经营的过程中都会产生多多少少的环境成本，这就要求企业在管理的每个环节都必须高度重视环境成本，在对财务活动的成果和经营状况预算时把资源和环境成本降到最低，在评价和考核财务活动的时候，把资源是否得到了合理的使用以及生态环境是否遭受到了破坏作为评估和考核财务活动的标准。

第三，财务管理的绿色观念是强化人们环保意识的需要。人们不断地从环境中索取大量的资源，又不断地向环境中排放大量废弃物和污染物，随着经济的不断发展，人们从环境中索取的资源越来越多，最终的结果就是排放的污染物也大量增加，这都远远超出了环境的承受能力。目前，环境问题已经成为各国人们普遍关注的问题，这就要求人们在经济发展的历程中必须有环境保护的意识，以便为子孙后代提供一个可以持续发展的环境。

（2）实现绿色观念的措施。财务管理的绿色观念符合人类对环境保护和可持续发展的要求，是对传统财务管理观念的挑战，是经济和时代的进步。

为了使绿色财务管理理念尽快融入财务管理活动的各个环节，对于政府而言，需要采取如下措施：

第一，国家强制执行。环境问题日益严重，政府已经制定了很多法律法规来约束和规范人们的行为，如《环境保护法》《水污染防治法》《中国环境与发展十大对策》等，要求企业强制遵守。对于那些不遵守法律法规的企业，政府必须要加大惩罚力度，通过这样的强硬政策使得企业在财务管理的各项活动中树立起保护环境和节约资源的意识，逐渐使环境保护成为一种自觉的行为。

第二，政府要积极地鼓励进行绿色财务管理的企业。政府在对那些不遵守法律法规的企业加大惩罚力度的同时，要积极地鼓励那些自觉遵守相关政策的企业。在信贷和税收方面给予一些优惠，使得企业明确地体会到响应政府的号召对企业自身的发展有利无害，以全面地调动企业的积极性和热情。

当然，绿色观念仅仅靠政府的约束是远远不够的，企业自身必须努力提高绿色财务管理的意识，这就要求企业在日常的生产运营中做到以下四点：

第一，企业的经营目标要以绿色财务管理理论为指导。现在环境和污染问题日益突出，绿色消费的观念开始深入人心，消费者的消费观也发生了极大的改变，在消费中倾向于耗资少、对环境污染小的绿色商品。面对激烈的市场竞争，企业在制定经营目标的时候，必须要兼顾环境问题和资源问题，在经营的每个环节积极开展绿色经营，全面提高企业的经济效益，树立良好的企业形象。

第二，培养领导者的环境风险意识。环境风险指的是企业在生产经营的过程中浪费资源、污染环境造成的种种不利于企业发展的风险。一旦风险发生，企业必将面临不可挽回的损失，所以企业的领导者必须要敢于面对这些风险，不逃避，寻找化解风险的最佳管理方法。

第三，提高员工的资源环境意识。企业将资源环境的意识深入贯彻到员工中去，让员工充分意识到资源环境在人类发展历程中的重要作用，尤其是企业的财务工作人员，更要加快传统财务管理观念向绿色财务管理观念的转变，以崭新的面目投入到财务管理工作中。

第四，绿色财务管理要求企业实行绿色会计。绿色会计，指的是为了达到实现弥补社会和自然资源的消耗的目的而进行的会计，它通过测量、揭示、研究环境以及环境的变化，以便给管理者提供详细的、准确的、可用的环境信息的一种理论和技巧。这就要求分析会计报表的时候设置一些与绿色财务息息相关的指标，用来考察企业在保护环境、改善资源的使用效率等方面所做出的努力以及自身存在的不足，通过与这些指标的对比，企业可以针对自身的不足采取一些有针对性的举措，改善工作，提高经济效益。

4. 以人为本观念

人是企业生产经营过程的主人，企业的每一项财务活动均由人发起、操作和控制，其成效如何也主要取决于人的知识和智慧以及人的努力程度，美国已故钢铁大王卡内基（Carnegie）曾称"把我所有的资金、设备和市场全部拿走，只要保留原有的组织机构和人员，四年之后我仍将成为一个钢铁大王"。卡内基的此番言论充分说明了人的智慧和创新在现代经济社会中的核心作用与价值。因此企业应转变财务管理观念，树立以人为本、知识化、人性化的管理理念，建立责、权、利相结合的财务运行机制。在财务管理工作中，要大胆使用那些有知识、有责任心、对工作充满热情的人，最大限度地释放人的能量。要实现财务管理目标，我们必须以科学发展观统领会计工作，树立以人为本的观念。一方面，"互联网＋"时代使创造企业财富的主要要素由物质资本转向知识及技术资本，企业财务管理也就不能只盯住物质资产和金融资产，必须转变财务管理观念；另一方面，对包括知识和技术资本在内的企业总资产进行市场化运作和管理，这项工作具有很强的专业性、技术性、综合性和超前性，用管理有形资产的传统手段是难以适应的。

除了以人为本外，还应树立人才价值观。"互联网＋"时代，面对行业竞争和风险的加剧及高新技术的迅猛发展，企业要立于不败之地，应把知识看作效益增长的源泉，树立重视知识、重视科学、重视人才的知识效益观念。知识将超越物质资源而成为企业不可或缺的首要经济资源，而人是知识的载体，对知识的管理归根结底是对人的管理。"互联网＋"时代，人力资本将成为决定企业及整个社会经济发展的最重要的因素。复合型人才有助于增强企业财务管理的市场前景的预测力和判断力，提高财务管理战略决策水平，制定出能为企业创造价值最大化的竞争方案，从而使财务管理能更适应信息时代发展的要求。所以，人才是知识经济的制高点，是新的竞争焦点。企业财务管理的重心应从传统的物质资源管理转向人力资源管理，构建人力资源和物质资源相结合的财务管理机制。企业只有通过专业人才与物质资源相结合，才能有利于调动管理人员的积极性、主动性和创造性，才能为企业不断提高产品科技和知识含量，获取超额收益。

5. 安全观念

随着信息技术不断发展，信息传播、处理和反馈的速度大大加快，企业会受到世界商品市场、要素市场、金融市场等的冲击，使财务风险更趋复杂化，如果企业不能卓有成效地规避与防范各种风险因素的话，势必会陷入严重的财务危机。首先，由于风险加大，风险管理在财务管理中的地位将大大提高，投资决策所依赖的信息有误或不及时等均会加大企业投资风险；其次，由于创新金融工具的出现，使企业筹资投资渠道、时空发生了重大变化，从而加大了资本筹资投资风险；最后，知识更新速度加快、产品生命周期缩短，既加大了企业存货风险，又加大了对产品设计和开发的风险等。因此，企业在不断追求创新和发展的同时，要树立安全财务管理的观念，做好风险分析，加大防范和抵御各种风险的力度。由于风险的复杂性，建立财务风险预警机制势在必行。企业应加强风险防范观念，善于捕捉环境变化带来的不确定因素，并可以有预见地系统地辨认可能出现的财务风险，有预见地采取各种安全防范措施，把可能遭受的风险损失尽可能降低。

第二节 "互联网+"时代财务管理理念创新

理念和观念都是意识的产物，它们的区别在于，理念是通过理性思维而得到的，是对观念的一种再认识，是从观念之中提取出来的理性的观念。信息技术的发展促进了"互联网+"时代的深入，从财务管理观念中提取出来的理性财务管理理念要适应企业管理的需求，因此"互联网+"时代财务管理理念创新显得尤为重要。

一、"零存货"理念

1. 零存货实施的时代背景

存货是企业流动资产中一个极其重要的组成部分，存货控制或管理效率的高低，直接反映着企业收益、风险、流动性的综合水平。传统企业中，存货的控制非常重要，既不能太多，也不能太少。太多既会造成存货积压，影响产品的质量，也会增加包括仓储费、保险费、维护费以及管理人员薪酬等各项支出，造成企业资金的占用从而影响企业的利润额；如果太少，存货不够又会丧失一定的客户群，影响销售量。因此，保持适当的存货是企业生产经营活动所必需的。"互联网+"时代，大数据、云技术的迅速普及，使得人类社会进入全新的时代，企业完全有条件和能力改变储备材料待生产、库存商品待销售的传统生产经营方式，可以减少甚至不储备库存，以减少由于库存带给企业的资金周转压力，提高资金利用效率。

2. 零存货的基本含义

"零存货"来自适时生产系统（Just-In-Time），是指企业在供、产、销各个环节，使原材料、在产品和产成品等的库存量趋近于零，以避免存货占用资金的储存成本、机会成本等，并防范存货的过时、减值、跌价、报废、毁损等风险，是一种由后向前拉动式的生产方式。传统的生产系统采取由前向后推动式的生产方式，前面的生产程序处于主导地位，后面的生产程序只是被动地接受前一生产程序转移下来的加工对象，继续完成其后面的加工程序。这种生产方式必然会导致在生产经营的各个环节上，要储存大量的原材料、半成品、在产品，从而大量占用企业资金。然而适时生产系统采用由后向前拉动式的生产方式，以顾客订单相关产品数量、质量和交货时间等特定要求作为组织生产的基本出发点，前一生产程序严格按照后一生产程序要求的原材料、在产品、半成品的数量、质量和交货时间组织生产，尽可能地在供、产、销各个环节上减少存货量或者采用"零存货"理念。这种理念下，不需建立大量原材料、半成品、在产品、产成品等库存准备，从而避免了传统生产系统占用企业大量资金的弊端，使得企业的生产经营实现了"以市场定销售，以销售定生产，以生产定部门"的生产经营战略，从而增加资金的利用效率，提高企业经济效益。

3. 零存货管理的基本理念

实施零存货管理的思想，要求企业供应、生产、销售等各部门必须实行统一计划，精心安排和合理配置企业的相关经济资源，实现均衡生产。

（1）领会零存货管理思想，各部门协调合作。目前，很多企业领导及员工缺乏对零存货管理的正确认识，仍固执地囤积大量存货作为企业的资产和财富的象征。但存货极易陈旧过时、积压变质以及流动性差等的缺陷，使得固定囤积存货必然造成企业资金紧张、财富贬值。因此领会"互联网＋"时代的零存货管理思想并付诸实践成为解决这一问题的有效手段。

企业管理过程中，各职能部门为了自身管理需求都会将存货保持在某种水平上。销售部门希望保持较高的库存商品存货水平，确保库存商品齐全以满足各种客户的需求，也避免因商品短缺而造成生产和销售损失；生产部门希望保持较高的产品和材料存货水平，大批量生产产品以降低生产成本，也避免因材料短缺而造成不必要的生产延误；采购部门希望保持较高的原材料存货水平，大量采购原材料以减少采购费用，确保尽早进货以避免因中断供应而造成生产减少和停顿；财务部门希望存货的资金占用越少越好，确保企业资金的有效利用，避免因存货货款的占用而造成机会成本损失。由此可见，企业内部各个职能部门由于自身管理的需求对存货水平的要求相互矛盾。因此，存货的管理需要销售、生产、采购、财务等各部门的密切配合、相互协调，以达到企业总体优化，使企业获得最大利益。

另外，有些人认为零存货就是没有库存，这种思想是不正确的。由于产品的生产和销售存在时间和空间的不一致，将零存货等价于完全没有库存是行不通的。企业生产经营过程中，存货的消耗速度具有不确定性，产品生产周期具有波动性，销售数量具有不稳定性，使得企业存货不可能每时每刻为零。因此实施零存货管理，每个部门必须领会其意义，尽可能压缩物资在各部门的滞留时间，降低库存量和库存额，借助"互联网+"时代的大数据、物联网，实现生产经营的需要与材料物资的供应同步，使物资转送与企业加工速度处于同一节拍，从而保证各部门的业务有计划、有程序地进行，做到供应、生产、销售以及财务各个环节都纳入计划轨道，培养员工对零存货理念的系统认识。企业领导应该以身作则，转变观念，通晓"互联网+"时代企业管理之道，这样，既能在企业发展顺利时，率领各部门把企业办得更加兴旺发达，又能在企业处于逆境时，出奇制胜，使企业转危为安。移动互联网、大数据、物联网使得信息的传播速度快、传播途径广，企业领导更应具备战略家的头脑和智慧，从全局和战略的高度，确定企业的经营战略管理思想，以推动企业存货管理、财务管理、全面管理工作朝着良好的方向发展。

（2）设置生产统筹职位，实现生产多样化智能化。企业生产经营过程中，有些客户购买产品前会提前下单，有些客户下单却有很多不确定性。因此，为了更好地实施零存货管理，可将客户需求进行分类，分为通用产品的需求和专用产品的需求。专用产品的客户一般都会提前下达订单；而通用产品通常没有很确定的订单，企业销售部门仍然需要预测。为了协调销售部门与生产部门、供应部门之间的沟通，企业可以设置生产统筹岗位或者设置生产统筹部门，统筹专员根据订单和市场预测的需求，随时了解和督促采购部门的采购活动，适时调整销售计划，每周末提交下周的交货安排。当出现供应商无法及时供货等突发因素时，立即与客户协调产品的交货期，同时通知生产部门调整原来的生产计划。此时企业还应将该供应商列入密切关注名单，并且及时增加新的供应商。生产统筹专员的协调，避免了供应、生产和销售部门的严重脱节问题，成为零存货管理的关键。

根据专用产品和通用产品的不同，生产部门应分别采用两种生产方式，第一种为依据订单量生产，第二种为补充库存量的生产。依据订单量生产的方式为拉动式生产，是根据客户的订单从最后一道工序开始确定需要生产的数量，再根据最后一道工序需要的数量倒推前一道工序需要生产和加工的数量，直到推到第一工序为止，然后根据生产的进度和原材料需要量，最终确定向供应商购买材料的订单，这种由后向前的拉动式的按需生产系统真正实现了零存货。补充库存量的生产是企业根据过去的经验判断每周的产品需求量，结合销售的需求计划和库存的存货量确定每周的生产量，这种方式也是以需定产，由于基于经验以及估计值，有时会有一些偏差。这两种方式交叉运用，由生产安排人员和统筹专员根据需求沟通确定最终的每周生产计划。

此外，"互联网+"时代，企业尽量实施智能化生产，一方面能随时满足客户的需要，另一方面，可最大限度地降低生产过程中人工不可避免的缺陷，消除因生产出残次品对整个生产作业流程带来的不良影响。所以，采购、销售、计划、财务等部门应采用大数据、云技术等进行处理，根据不同时间、不同地域的市场需求，设计出最优生产方案，选择最优进货渠道，随时对企业生产经营各环节进行监控，以保证生产经营的顺利进行。

（3）采用 ABC 分类法采购存货，严格控制采购成本。由于零存货是企业在供、产、销各个环节上使原材料、半成品、商品等的库存量趋近于零，既要实现零存货管理的低库存量，又要及时快速取得质优价廉的存货，企业可以将存货划分为 A、B、C 三类，将价格高、数量少且需要预订的存货归为 A 类；将金额较大、可以赊购的存货归为 B 类；将金额较小、需求数量较多、需要批量采购的存货归为 C 类。不同的存货类别采用不同的采购策略，对于 A 类存货应与供应商签署长期供货协议，定期确定供货需求量，确保存货随用随发，这种供应商不用太多，保持一到两家即可，以生产商为主；B 类存货按照订单或者计划生产所需的存货，可以选择三到五家供应商，以生产商和经销商为主；由于 C 类存货金额较小、数量较多，供应商的选择可以适当放宽条件，可以利用"互联网＋"的优势在网络平台设置最低警戒线，只要触碰警戒线，系统自动报警提示存货购买数量和要求。这种存货管理方法的优势是能够降低成本、节约支出，并防范存货陈旧、减值、毁损等风险，从而可以提高企业的经济效益。

（4）建立稳定可靠的大数据购销网络。采购部门应建立稳定的采购网络，比较各厂家进货价格、质量、规模、运输条件等，明确采购地点、采购对象或品种，广泛了解所需各种原材料、燃料、半成品、在产品、低值易耗品等的供应商资质等级、供货地址等详细信息。同时，充分利用"互联网＋"时代大数据、云技术的优势收集、识别、处理、审核并确定相关信息，加强与供应商的长期稳定合作，保证企业能够及时、适量地取得生产所需原材料等存货。由于零存货管理强调以市场为导向、以销定产，因此企业应利用大数据技术，追踪和确定不同时间、不同地域的市场状况及销售实情，制定相应的营销对策和竞争战略，开拓销售渠道，为企业争取稳定的订单，建立稳定可靠的销售网络，均衡地组织生产，避免产量大幅度波动和积压浪费。此外，企业还要注重销售环节信用制度和信用政策的制定，减少收账成本，加速资金回收，提高资金使用效率。

二、"零营运资本"理念

1. 零营运资本的概念及理论依据

营运资本是企业的流动资产与流动负债相减的净额，即营运资本＝流动资产－流动负债。零营运资本从本质上来说属于"零存货"的进一步扩展。传统财务管理中，强调流动比率是一个衡量短期偿债能力的重要指标，该指标越大，说明流动资产对流动负债的保障偿还能力越强，企业对于支付义务的准备越充足，短期偿债能力越好；若该指标小于或等于 1，也就是流动资产小于或等于流动负债时，企业的营运可能随时因周转不灵而中断，将被认为是风险较大的企业。

但是，如果流动比率过高，可能是由于商品、材料等存货的积压陈旧、过时滞销或者是由于应收账款到期无法收回的占款造成，使得真正用来偿还债务的货币资金严重短缺。也正因为如此，很多国家的著名企业都在追求"零营运资本"的经营理念。

美国通用电气公司财务经理丹尼期·达默门（Denise Dammerman）指出："削减营运资本不仅会创造现金，还会促进生产，使企业经营得更好。"零营运资本的财务管理理念作为成本降低的有效方法应运而生，而且也很快成为许多企业财务管理实践的指导性理论。美洲标准公司的总裁埃曼纽尔·坎布里斯（Emmanuel Cambris）在公司财务困难时，将公司营运资本降到零,动员了全球90家从英国到巴西的全部加工厂的子公司压缩存货,压缩营运资本。他用省下的营运资本偿还债务,还将余下部分投资增产,使成本降低,营业收益大增,他就是靠压缩营运资本才挽救了在崩溃边缘的公司。海尔集团提出的零库存、零距离、零营运资本是海尔市场链的战略目标,海尔的零营运资本管理也是强调把企业在应收账款和存货等流动资产上的投资成本尽量降低到最低限度。

从以上国内外大型公司追求零营运资本的典型案例中明显看出,营运资本效率高、营运资本管理得好,即使较少数额甚至是"零"营运资本也能发挥更大的经济效益。追求零营运资本目的在于减少应收账款和存货,减少资产不必要的占用,以提高企业经济效益,零营运资本的理论依据也正在于此,通过提高营运资本的周转速度来压缩存货和应收账款,将占用在存货和应收账款上的资本解放出来,以此提高企业的经济效益。

2. 零营运资本的作用

零营运资本的理念相当于利用了财务杠杆,体现了以较少的营运资本取得了较大的收益,零营运资本的这种杠杆作用具体为以下几个方面:第一,追求零营运资本,可以促使企业加强应收账款的管理,使企业积极制定应收账款信用标准和信用政策,严格收账制度,确保应收账款加速回收而避免坏账的发生,确保资金周转畅通;第二,追求零营运资本,可以促使企业加强存货管理,加速存货周转,避免因存货过时、滞销、积压、浪费等占用资金,节约开支的同时增加企业经济效益;第三,追求零营运资本,可以促使企业提高营运资本的周转速度,使占用在应收账款和存货项目上的资金解放出来,用于"互联网+"时代的技术、无形资产、智能创新以及生产经营再投资等,以此提高企业的经济效益;第四,追求零营运资本,可促使企业资金投入更精准、生产能力更强、收款速度更快的循环周期,促使企业设备以及产品的更新换代,更能适应"互联网+"时代的市场竞争。这既巩固了老客户,又赢得了新客户,从而增加了企业的利润额。

三、"零缺陷"理念

"零缺陷"理念是指零缺陷的全面质量管理理念。全面质量管理(TQM)是指为了能够在最经济的水平上考虑到充分满足顾客要求而进行市场研究、设计、制造和售后服务,把企业内各部门的研制质量、维持质量和提高质量的活动构成一体的一种有效的体系。

质量是企业的生命,是企业获得良好经济效益的基础。一个企业的利润有多少,关键在于对质量成本的控制。美国著名质量管理专家克劳士比有句名言:"质量是免费的"。他认为"真正费钱的是不符合质量标准的事情——没有第一次就把事情做对。"因为如果第一次没做好工作,质量不合格,就会使企业耗用额外的时间、金钱和精力去弥补,企业发生的质量损失会用高出成本数倍的人力、物力、财力去补救,既会使企业质量信誉受损失,也浪费了大量财富。

企业要在"互联网+"时代日益激烈的市场竞争中生存和发展,就必须在质量上下功夫。现代社会所需的产品结构日趋复杂,对产品的精密度和可靠性要求也越来越高,所需费用将以质量成本的形式增加企业负担。

全面质量管理这个名称是 20 世纪 60 年代由美国著名专家菲根堡姆提出，是在传统质量管理基础上，随着科学技术的发展和经营管理需要而发展起来的现代化质量管理。此后便在世界各国得到迅速推广，并在实践中不断得到丰富和发展，成为企业界备受青睐的管理工具。我国在 20 世纪 80 年代引进并推行全面质量管理，为企业带来了较好的经济效益。近年来，许多著名企业也在努力实施全面质量管理，并结合实际成立了专门的质量控制小组，建立了由高层领导、专业干部和工人参加的"三结合"质量管理体制，此外很多企业创建智能化、自动化的专业质量管理体系，不仅保证了产品质量，提高了经济效益，而且还增强了企业竞争力。

综上所述，全面质量管理是质量经营的精髓，与传统质量管理相比更具有竞争力。全面质量管理的关键在于实现零缺陷。所谓零缺陷是所有产品都符合规格，即将不合格产品降为零。为了实现零缺陷的全面质量管理理念，要求每个生产阶段、每道工序、每个加工步骤都按照设计好的程序抓好质量控制，做到每个生产阶段、每道工序、每个步骤的零缺陷，以达到最终产品的零缺陷，因此零缺陷具有成本效益上的合理性。零缺陷的全面质量管理理念把重点放在对每一加工程序的连续性质量控制上，一旦加工操作发现问题，就立即采取措施，尽快进行消除或更正，以实现缺陷在生产第一线瞬时的智能化以及自动化控制，绝对不允许任何一件有缺陷的零部件从前一生产程序或步骤转移到后一生产程序或步骤，以保证企业整个生产过程中零缺陷的实现。

四、"零起点"理念

"零起点"理念来源于管理会计中的零基预算，零基预算的全称为"以零为基础编制计划和预算的方法"，是指在编制预算时对于任何费用项目的开支数额，均以零为基础，不考虑以往情况如何，从根本上研究分析每项预算有否支出的必要和支出数额的大小。这种预算不以历史为基础作修修补补，在年初重新审查每项活动对实现组织目标的意义和效果，并在成本—效益分析的基础上，重新排出各项管理活动的优先次序，并据此决定资金和其他资源的分配。

零基预算的思想源于 1952 年，美国人维恩·刘易斯（Wayne Lewis）提出零基预算，由于零基预算不受现行预算的约束，能充分发挥各级费用管理人员的积极性；而且，还能促使企业各个职能部门厉行节约，精打细算，合理使用资金，提高资金的使用效率。因此，它很快风靡西方发达国家。在竞争激烈、技术革新的"互联网+"时代，"零起点"的内涵在不断扩大，将会延伸到企业管理的各个角落。如果企业的作业流程以"零"为起点，一切从头做起，不仅能使企业脱胎换骨，而且还能促使企业经理们打破陈规，从一个全新的视角来审视各项工作。随着经济环境的剧变及市场竞争的加剧，"零起点"的竞争战略将会越来越受企业管理者的青睐。

综上所述，"互联网+"时代，"零"的追求作为一种新的财务管理理念，是企业增强竞争力、提高经济效益的一种有效手段。

第四章

大数据时代管理会计信息化萌芽

随着中国的经济体制由计划经济转变为市场经济，尤其是 2001 年加入世界贸易组织以来，中国经济和世界经济相互融合，中国成了世界经济系统的重要组成部分。进入国际市场后，国内企业面临来自各个层面的竞争压力，这对企业管理提出了更高的要求。财务部门除了负责企业运营所需的经济信息外，还将面临更多挑战。企业会计的职能将由记账、算账逐步转变为财务管理，而原来的会计信息化软件已不能满足会计在管理上的需要。

第一节　管理会计应运而生

19 世纪早期，大型企业的运营模式较为单一，都是通过扩大生产规模来降低成本。后来，随着企业不断扩张规模和并购其他企业，实行多样化经营，企业的日常经营活动变得复杂，覆盖了加工、采购、生产、销售、运营、推广等环节。随着环节和分支机构不断增多，企业的组织结构变得越来越复杂，如果缺乏科学的控制系统，很可能因为管理和运营上的问题而产生经营上的风险。

经济环境的变化，对企业产生了新的影响，对企业管理提出了更高的要求。企业价值管理对会计也提出了更高的要求，这就促进了会计的不断深化和改进。在复杂、多元的组织结构中，企业需要通过一套管理会计体系来加强对企业内部经营活动的规划和控制，使企业能够在扩大规模和多元化发展的过程中平稳运行，于是产生了成本会计系统。传统的财务会计根据过去一定周期内的企业经营活动进行确认、计量和报告，对过去的经营情况进行总结。而成本会计增加了约定成本、预算控制等概念，成本会计报告是为了协助管理层做出内部决策。企业管理层根据成本会计报告计算存货、考核部门的绩效、评估运营效率、制定或调整企业战略方向等。企业债权人希望企业提供财务报告、纳税申报表以了解企业实际运作情况；而企业内部经营者则希望记录成本信息，以控制未发生或未完成的经营活动。于是，成本会计理念被管理会计理念取代，这就是管理会计的雏形。因此，现代会计不同于传统会计，它又分为财务会计与管理会计两大分支。

到 1925 年，管理会计发展遇到了瓶颈，此后 60 多年所采用的管理会计方法均是美国工业企业于 1925 年提出的。直到"二战"后，全球经济有了短暂的复苏，计算机科学与信息学、电子计算机应用与新兴产业的出现催生了新的产业革命，20 世纪 70 年代以后，管理会计在全球范围内迅速发展。1972 年，美国全国会计人员协会（National Association of Accountants，NAA）创建了与注册会计师认证（CPA）不同的注册管理会计师资格认证（CMA），标志着管理会计正式从一门理论变成了一种职业。

管理会计是现代社会发展的产物，是在社会生产力进步、市场经济繁荣、管理需求不断增加等因素共同影响下产生的。计算机技术的进步，为管理会计发展提供了一种先进的技术方法，使管理会计在处理数据时变得非常高效和简单。自诞生以来，管理会计就在企业管理中发挥着重要的作用。

管理会计的整个演进过程，可以划分为两个主要阶段：传统管理会计阶段和现代管理会计阶段。20 世纪 50 年代以前，传统管理会计的特点是以控制生产成本、财务预算等为核心。到了 20 世纪 50 年代以后，现代管理会计主要以财务预测与分析决策为核心，而规划和控制则为其辅助职能。

一、会计与企业管理的关系

目前，人们还没有对会计的本质形成一致意见，但每一种观点都把会计和管理结合在一起。目前对会计的本质认识大致有四种观点：第一种观点认为会计就是管理工具，也就是企业的管理组成部分；第二种观点认为会计就是管理信息系统，对数据进行处理、传输和储存；第三个观点认为会计是一门管理学科，它将会计实务中的概念抽象化，是用于指导的理论；第四种观点认为会计是经济管理活动，对企业经济进行管理。目前，西方更多地认同第二种观点，即会计是管理信息系统。会计活动包括数据录入、数据处理和输出，以及对数据进行纠错和审核。从信息系统理论的观点来看，会计就是数据与信息的结合系统。无论采取哪种观点，都可以看出会计与管理之间有着密切的联系。

中文的"会计"一词多义，在不同的场景可以理解为不同的含义，如可以被理解为"会计工作""会计学"或"会计工作者"。然而在 20 世纪 80 年代就有人提出，会计的首要含义无论从逻辑还是历史上看，都是指会计工作，因为会计学就是对会计工作的理论知识的总结，而会计工作者就是把会计工作作为职业的那些人。会计工作其实就是一种管理活动。因此，我们可以认为，会计工作属于众多管理活动中的一种，即会计和管理之间是从属关系。

1. 会计在现代企业管理中的现状

会计是企业管理的一个重要组成部分，在企业管理中起着重要作用。会计为企业提供资金、收入、成本、利润和资产负债等信息，企业可通过会计信息分析其运营状况，从而确定企业战略或改进方针。因此，会计是各大企业中不可或缺的一个重要部分。随着全球市场经济的不断发展，国际投融资也在国内迅速发展，国内会计需要与国外市场对接，变得更加国际化。为了更好地适应目前国际市场不断发展和创新的需要，我国财政部于2006年2月1日颁布了与国际接轨的会计准则。

2. 会计在企业管理中的地位

企业管理的工作涉及企业中多个不同的部门，一个企业的管理工作做得出色不只是靠一个管理部门，而是多个部门共同努力所得到的结果，管理贯穿企业经营发展的整个过程。而会计部门是企业的核心，与多个部门和业务间有联系，只要它们所涉及的业务包含了经济业务，那么会计部门就会参与其中，这样才能保障企业的经济效益，使企业保持良性的发展。可以说，会计工作和企业管理是相辅相成、兼容并包的关系，没有会计工作，就没有企业管理。

当然，企业管理的范围较大，包括企业的人、财、物和供、销、产等方面；内容更复杂，涵盖人事管理、生产运营管理、资产经营管理、质量管理等多个方面。这些内容之间存在着依存关系，相互渗透并通过管理连接起来，形成整个企业的核心要素。会计工作以管理企业经济为主，而经济是企业发展的基础，因此会计是企业管理的根本，具有不可替代的重要地位。

会计与经济有关，经济发展得越好，会计就越重要。经济管理就是通过适当分配单位时间资源来提高生产总量。要对企业进行科学的经济管理，就必须对企业进行经济核算，而经济核算是会计的核心职能。在经济国际化趋势下，现代企业部门的分工更加清晰、细化，部门之间的合作更加紧密。通过会计核算，企业管理者可以及时、准确地收集和整理企业的经营数据，并对其经营活动产生的结果有直观认识，更好地实现对企业的管理和控制。同时，会计在企业中除了核算外，还起着监督作用，督促企业制度法规的实施，加强企业内部管理，提高企业经济效益。

3. 会计对企业管理的作用

企业管理的目的是让企业在保持良好发展的前提下产生更大的经济效益，而企业的经营状况可通过资产负债表、利润表和现金流量表来体现。会计可以对企业进行核算，对企业的财务状况进行有效分析，使企业管理者更迅速地了解当前企业的实际利润和负债等情况。会计还能通过分析预判企业发展的风险，帮助企业管理者做出正确的决策，在进行风险控制的同时实现企业利润最大化。

会计是企业管理的一种工具，会计工作完成情况的优劣在某种程度上可以体现企业管理水平的高低。因此，会计不仅反映企业经营活动结果，同时需要通过预测、监督等行为参与企业管理。

二、什么是管理会计

从字面上讲，管理会计由"管理"和"会计"两个功能组成，是否可以理解为包含管理功能的会计工作？这样去理解，虽说有一定的道理，但还是太狭隘。我们知道，会计属于企业管理体系的范畴，是一种管理活动，会计自带管理性质，而管理会计又侧重于服务企业内部的会计分支，因此将管理会计简单地视为包含了管理功能的会计工作并不完全正确。

管理会计是一种为管理者提供经营及决策信息的工作。会计人员对企业日常经营所产生的基本数据，采用科学的方法进行深度加工和分析，对经济活动进行预测、规划、控制、决策和责任考核评价，以加强对企业内部的经济管理，实现最佳的经济效益。会计数据可以包括财务的或非财务的（如质量信息）、准确的或大致准确的、基于过去的数据分析的或基于未来的数据预测、详细的或集中的数据报告。而企业管理者也不单指有管理职责的执行董事，也包括企业各级别的管理人员。数据报告可以是口头的或书面的，包括利润与亏损、收入与支出、质量指标、经济趋势等。规划、控制和决策活动是密不可分的，规划可以看作对未来的控制，而控制可以看作确保过去所做决策得到正确的执行，以及确保这些决策仍适用于当下的手段。管理会计是侧重于企业内部的一种管理服务，它以改善企业经营管理、提高企业经济效益为最终目的。

管理会计学和管理会计虽然仅一字之差，但却是两个不同的概念。管理会计学是将日常管理工作中的实践抽象化而形成的用于指导的理论与知识系统，而管理会计则是现代企业在日常经济活动中进行的一系列会计工作。管理会计学强调过程，特别是企业在不断实践中得到改进和完善的过程，通过将各企业的成功经验进行总结、提炼，最后形成管理会计理论。理论是对客观实践的概括，因此具有滞后性，各企业运用理论时不能依葫芦画瓢，在企业实践中还需要将理论和企业现状相结合。

会计从萌芽发展到传统管理会计，再由传统管理会计发展到现代管理会计，其服务性质、服务主体均发生了变化。传统管理会计旨在为财务会计服务，而现代管理会计则是面对未来，旨在提高企业未来的业绩，帮助企业规划未来的发展方向。2007年，任正非在华为的一次内部会议上忧心忡忡地说："我们的确在海外拿到了不少大单，但我都不清楚这些单子是否赚钱。"虽然华为财务部门从2000年就开始参与成本核算，但其管理仍然缺乏前瞻性和预测性。而这正是现代管理会计所服务的内容——让管理层知道哪些经济活动可以赚钱，哪一年开始赚钱，赚多少；哪些经济活动损失惨重，亏损多少。

管理会计属于企业会计范畴，与企业管理是部分和整体的关系。管理会计重视企业内部经营管理工作，是企业管理的一个重要组成部分。在竞争日益激烈的商业环境中，企业参与者都应承担管理和会计的责任，注重企业经营活动中的效率和价值问题，毕竟企业内个人的行为会引起催化作用，从而影响各个部门乃至整个企业。

管理会计是在成本会计职能的基础上再赋予管理的职能。管理会计的主要职能是预测、控制和分析企业的经济活动，为企业管理者提供相关信息，企业管理者可以通过管理会计所提供的会计信息改善企业的经营管理，从而提高企业经济效益。管理会计是企业管理层解决日常财务管理问题的一种实用工具。

管理会计会对产品线或产品进行盈利分析，企业对于盈利产品会增加产量，对于亏损产品会减少产量甚至终止生产。在做盈利分析时，管理会计需要考虑如何合理分摊产品成本，要保证各个产品线所收集数据的可追溯性和准确性。管理会计还会对产品生产所需的零部件进行分析，以决定是由企业自己生产还是交于外包公司生产。决策过程中除了要考虑成本外，还要对质量甚至品牌进行把关，保证在成本较低的情况下产出最优质的产品。管理会计可对销售通道和市场地区等进行盈利分析，以确定应该如何推广和监督产品营销活动。当企业计划要开发新产品时，管理会计就需要控制产品生产的成本，以确保企业的预期利润。管理会计所涉及的领域囊括了企业管理的各个方面，可以说，只要有资金的地方就有管理会计。

三、管理会计与财务会计的关系

1. 管理会计与财务会计的联系

在现代企业会计的发展过程中，管理会计已逐渐与传统会计分离，成为一个独立的分支。管理会计和财务会计的分离，是社会经济发展以及企业多元化的产物，是为了适应企业所有权和经营权分离而产生的。管理会计和财务会计，是现代企业中相互依存、相互约束和相互补充的有机会计组合。管理会计和财务会计都是为促进企业持续发展、实现现代企业财务管理的重要目标而提供会计服务。

管理会计与财务会计都是以企业的日常经济活动为研究对象。管理会计运用现代统计方法对企业经营情况进行分析，其中部分财务资料来自财务会计的财务报告。财务报告的精确性、及时性、有效性和完整性直接影响管理会计对企业经济活动的预测和决策。因此，对财务会计深化改革有助于管理会计对企业未来发展中可能存在的问题和风险做出正确判断。管理会计与财务会计之间只有互相配合，才能最大限度地为企业带来经济效益。

2. 管理会计和财务会计的区别

财务会计和管理会计都是以企业经济数据作为分析对象，但二者针对的经济数据时间性不同。财务会计是针对企业已产生或正在产生的经济数据进行提炼和总结，管理会计是对过去进行分析，对现在进行控制，对未来进行预测。

两者所服务的对象不同。财务会计又称外部会计，主要功能是为经济主体的股东、债权人和政府相关监管机构提供企业的基本财务信息，如企业的财务情况、经营管理能力等。管理会计又称内部会计，主要为企业内部的管理者服务，提供有价值的会计信息，如对可能出现的问题或危险做出评估并提供解决方案，积极参与企业的经营管理决策。

两者遵循的方法和原则不同。财务会计必须严格遵守国家或行业颁布的会计准则、会计规定、会计制度和其他有关规定，对企业的每一项经济活动数据都进行处理和加工，而管理会计则相对灵活。如财务会计编制财务报表时，需要严格遵守书写内容、形式和计量单位规定，并以报告的形式呈现；而管理会计所做报告并没有严格的形式和规范，可根据不同场景，采用不同格式和形式编制。

两者需要的人才素质不同。从注册会计师和注册管理会计师考试科目中可以看出，管理会计所涉及的知识不全是财务会计所需要的。注册会计师认证考试的主要内容包括会计、审计、财务成本管理、公司战略与风险管理、经济法和税法，而注册管理会计师认证考试则包括成本、财务分析、统计学、银行学、经济学及其他管理学科。管理会计需要具备比财务会计更广阔的知识面，来为日常工作提供应变能力、分析问题和解决问题的能力。而财务会计则要求具有较强的基本会计知识、较强的操作能力。

第二节　从会计信息化到管理会计信息化

从财会人员的视角来看，现金流相当于企业的血液系统，而企业的信息化系统就相当于企业的神经系统。对人体而言，神经系统对生理活动起着调节作用，所以信息化系统同样可以调节企业行为和改进实现目标的方法。

会计信息化是随着人类社会生产力不断提高、科学信息技术不断进步而产生的。会计思想是会计信息化的核心，计算机所提供的计算能力是辅助手段。随着社会生产力逐步提高和信息技术的不断发展，会计人员对传统经济数字的记录变得十分容易，有更多的时间和精力对企业经济活动进行分析预测和管理管控，会计思想也悄然发生转变。会计思想的转变同样促进了会计软件的发展，会计信息化也逐渐过渡到管理会计信息化的阶段。

一、传统会计信息化的不足

传统会计信息化的特点在于对过往企业经营数据进行定期的记录、汇总并形成报表，以此反映企业过去的经营收支情况。随着市场规模的不断扩大、企业活动范围的逐渐扩张，企业的组织结构也日益复杂化。企业管理者、企业经营者及企业债权人不仅希望看到企业过去的经营情况，还想要更多地聚焦于企业未来的发展前景，如企业所投资的项目能产生的投资回报比。这些需求和要求，是传统会计信息化无法完全满足的。

1. "数据孤岛"现象

会计信息化早期，企业应用的会计软件缺乏通用性，数据格式和信息形态不统一。从企业的角度看，应用模块仅局限于对数据的分析和会计信息的处理。而企业各个业务信息化系统的开发商或生产商都是不同的，各个系统有不同的数据格式和不同的数据类型，因此系统间数据的兼容性和安全性无法保证。各企业为了保证企业机密数据的安全，很少与其他企业进行技术上的交流或共享，行业内部也没有制定统一的数据规范，这导致各个信息化系统之间难以进行数据共享。

2. 缺乏企业高层支持

有些企业把会计信息化当成技术问题，只关注会计技术产品的研发，而忽视了企业高层领导的看法，从而使得会计信息化系统的建设得不到企业高层的支持。其实，会计信息化涉及的内容较为复杂，影响范围也较广，不能单纯地把它看作是一个技术问题。会计信息化包括业务环境的改造、部门责任的明确、工作流程的制定和管理，这些工作都需要企业高层的支持和推进，单靠科研人员的努力是远远不够的。同时，会计信息化建设不是仅由几名研发人员在短时间内就能完成的，需要企业的资金支持，而企业高层享有资金的支配权和调动权，故会计信息化系统的建设需要企业高层的支持。

3. 会计信息质量需要提高

不同的企业所面对的会计环境不同，导致所产出的会计信息也不同。随着市场规模的发展和经济全球化，企业形态逐渐发生了改变：由最早的业务单一型小微企业，发展为如今的复合型国际企业。企业的发展使得会计工作越来越复杂，除了账簿管理、出纳管理等基本会计工作以外，还包括企业的固定资产管理、经营绩效管理、现金流量管理等，而传统会计信息化是无法完成上述工作的。

企业形态的改变、业务范围的扩展使得所产生的经济数据在数量等级和复杂程度方面不断增加，传统会计信息化软件无法处理大数据和复杂维度的数据。

4. 信息安全存在隐患

长期以来，会计信息一直是企业的商业机密，会计信息的分析和处理、会计系统的使用和运作都由财会部门负责，这样让会计人员误认为只要会计信息不出现问题，就都是安全的。因此，部分企业在进行会计信息化建设时，只是以降低会计人员工作量和提高工作效率为出发点，而忽略了会计信息安全的重要性。

二、信息技术进步是管理会计发展的不竭动力

近几十年来，电子计算机技术的不断发展和广泛应用，得到社会和行业的认可。电子计算机进入了各个企业、各个家庭，对人类社会发展产生了积极影响。信息技术的发展也受到各界关注，信息技术在以肉眼可见的速度不断进步，无论是物理硬件设备的运算能力、存储能力，软件功能设计的人性化程度，还是网络传输速度、准确性都得到快速提高。

信息技术不断发展，人类文明从工业社会转向信息社会。劳动是人类社会存在和发展的基础。随着社会文明的发展，人类劳动方式不断演变，由最初的手工劳动转变成人类操纵机械作业。到信息社会，人类整个劳动过程都向自动化发展，实现自动化生产和控制，交由机器和计算机处理，无须人工参与。信息化与自动化已经进入人类社会，涉及的领域包括农业、工业、服务业等各行业，对人类生活与企业发展产生了巨大的影响。

会计信息化是指企业利用电子计算机和网络通信等技术手段达到核算的目的。我国

最早开始会计信息化的时间是 20 世纪 80 年代，广泛使用计算机替代人工从事简单的会计管理活动，如记账、算账、报账等。当时的会计信息化以安装在某一台电脑主机上的软件为主体，其功能与企业内其他业务完全隔离，会计数据的采集方式是先手工填报再录入。到了 20 世纪 90 年代，由于我国计算机信息技术和软件研发能力不断提升，会计软件在功能设计开发上有了更多的突破和改进。会计信息化不再以单机版的软件形式存在，而是发展为一套能独立部署于外置服务器的应用系统。会计系统通过数据接口与企业内部分业务系统进行集成，从而完成与业务系统间的数据交互和简单的协同办公，与会计相关的业务数据通过会计系统的数据接口进行自动采集和汇总。到了 21 世纪初，互联网的飞速发展衍生出许多新兴的互联网产业，同样带动了会计信息化的发展。互联网使得数据交换不再局限于企业内部，而可以在企业与企业之间、集团与子公司之间跨地域高效地进行，让集团总部能及时掌握与管控各子公司的业务情况。因此会计系统除了完成与业务系统的数据交互外，还增加了对企业经济活动进行监管与控制的功能。同时，互联网使数据透明化和信息及时化，企业通过对数据进行有效分析，可以对经济活动的收益进行评估和预测。如今大数据、人工智能、云计算、移动互联网等同样也使管理会计在信息化方向上有所突破和延伸，例如出现了利用云计算平台搭建 SaaS 模式的会计系统。企业通过租赁的方式租用会计系统，无需再购买设备和组建团队自行搭建会计系统；利用移动互联网可以实现足不出户就完成对会计信息的提交和审核；人工智能也使得对数据的分析和预测更加高效和准确。

由此可以看出，管理会计理论和方法的发展与会计信息化的发展是相辅相成的。通过会计信息化技术，管理会计实务将变得更容易，效率更高，预测更准确。随着管理会计理论和方法的发展，会计信息化系统的功能也将变得更加齐全，信息反馈更及时，数据更安全。

三、管理会计信息化的地位

1. 管理会计信息化的必要性

移动互联网、物联网等技术的发展，使数据的更新速度和体量呈几何式增长，用传统信息化技术对会计信息进行加工的方法较为落后，不能及时有效地对会计信息进行处理，同时也不能保障数据之间的相关性，难以在当前数据爆发式增长的场景中发挥作用。

随着云计算、大数据、区块链等新一代信息技术的不断出现，新的市场理念、市场模式以及市场规则也不断出现。传统会计信息化体系已不能满足科技进步和业务发展的需求。在竞争愈演愈烈的市场环境下，传统会计信息化正面临严峻考验，导致企业经营风险持续增加。为了提高竞争力和对市场的反应速度，企业必须结合大数据、人工智能等新技术将原有会计信息化系统改造成管理会计信息化系统。

2. 管理会计信息化的重要性

管理会计信息化提高了会计核算的效率。通过引入新技术和管理理念，管理会计信息化系统在核算效率方面较传统会计信息化系统有了显著的提高，使会计信息的产出更加准确与及时，能让企业管理层及时掌握企业经营情况，无形中提高了企业的竞争力。

管理会计信息化使会计信息的传递在时间维度和空间维度上都有了突破。管理会计信息化系统使各业务系统之间的数据相互关联，所有与企业运营相关的数据都会通过数据接口汇集到管理会计信息化系统中，会计人员不用再在线收集数据。管理会计信息化系统能够根据模板自动采集数据，形成各类报表，同时可以及时对业务数据和财务数据进行共享，提高会计人员的工作效率。

管理会计信息化是实现管理会计智能化的前提。随着大数据分析技术的发展和应用，基于历史数据进行分析从而进行有效预测的方法已经在各个行业中得到了广泛的应用。企业经营者和管理会计人员可以通过对历史经营数据进行建模，对正在发生的经营数据进行实时自动分析，对经营过程中的异常情况及时预警，同时参与企业的经营发展决策。

第三节 信息时代管理会计面临的挑战和改变

在信息时代，管理会计人员面临的最大挑战是需从单一专业人才转变为复合人才，除了要掌握管理会计所必需的知识外，还要掌握电子计算机基础知识、信息系统的基础概念和应用、数据分析理论和实践。近几年来，信息技术飞速发展，对管理会计学理论和实践产生了巨大影响。管理会计人员应该了解最前沿的信息技术，因为管理会计信息化将是一个动态的过程，只有了解信息技术发展的方向，才能及时了解管理会计信息化所必需的知识。

一、企业与会计人员需要适应时代的变化

随着信息技术的发展和云计算的普及，会计工作对大量数据的汇集、信息和数据分类的要求也不断提高。会计人员若不具备相关的技术能力，就无法对高水平的数据和信息进行分析，导致企业无法对信息进行整体性把握，从而对最终决策产生影响。企业若不能适应信息时代的要求，最终可能面临被淘汰的局面。

信息技术的发展使各企业的经济效益不断提高，会计的职能也发生了变化。传统的会计核算方法已不能满足当前企业快速发展的要求，若企业不注重提高会计工作水平，忽视管理会计对于企业发展的作用，就会严重影响企业会计的职能发挥，难以提升企业核心竞争力。

尤其是高新技术企业，建立完善的会计制度，优化和整顿财务会计，对发挥和完善企业会计的作用、提高会计工作效率、防止因滥用职权造成的经济损失是十分必要的。只有

这样，才能实现会计信息资源的有效整合，使得会计人员所提供的信息资源真实可信，从而提升会计人员的价值和管理能力。为了顺应时代变化，当前的管理会计人员也应做出相应的改变。

1. 增加管理信息收集的范围和途径

过去，企业管理者通常都是通过财务报表等资料来掌握企业财务和经营状况。如今互联网盛行，许多资料更加公开化和透明化，如最新的财会政策法规、行业数据信息、经营数据财报等，在互联网上也有许多提供会计信息或会计服务的平台，能为企业提供更可靠、更准确、更及时的会计信息。通过计算机从互联网上收集信息是十分必要的，可以显著提升企业会计管理水平。

2. 提升管理会计信息的准确度

在大数据时代的背景下，搜集财务信息和业务相关信息变得容易，但互联网上也充斥着大量过时的、虚假的信息，因此提高所搜集信息的准确度非常重要。若由于各方面原因导致在业务中发挥重要作用的相关信息的准确度或完整度不高，那么后期信息整合将变得困难和低效，从而导致最终产生的会计管理数据不准确。而企业的财报信息是由会计管理数据分析得到的，因此也同样失去了价值。

3. 提高企业内管理会计信息化水平

随着信息化的推进，企业内部也需要借助信息化来提高企业管理会计的水平。通过建设相关的会计信息化系统，制定相应的会计管理办法，以实现企业在系统、流程与数据收集等各方面自动化办公，这样在提高办公效率的同时，也使数据收集变得容易与准确。信息化建设提高了整合会计信息的水平与效率，也使会计的各类信息在企业中更加公开与透明，便于企业高层进行管理与决策。当然，信息平台在日常使用中也需要安排相应的技术人员进行定期巡检及维护，及时修复软件漏洞，确保财务信息数据安全及应用系统的健康，保证日常工作的正常开展。

科技的进步将对人类社会各行各业的发展产生积极影响，会催出生新的管理办法与体系。企业要想可持续发展就需要顺应时代的潮流，改进人才的培养、管理制度。时代的发展、新兴事物的诞生、新技术的出现，对企业来讲都是挑战，同时也都是机遇。

二、信息时代管理会计工作需要更加智能

虽然已步入信息时代，但是目前有些企业针对管理会计信息化系统建设还未在思想和行动上有所转变，或者虽然思想上意识到需要建设管理会计信息化系统，但在行动上进展缓慢。管理会计信息化系统的建设与应用没有得到足够的重视，因此投入的资源也就相对较少，导致管理会计信息化系统没能在提升企业经济效益方面做出贡献。这种结果最终将导致企业管理层认为管理会计信息化建设并不重要，只是一个形式，没有多大实际意义，从而更加忽略对管理会计信息化的建设。正因为上述原因，很多企业虽然名义上已经建设

管理会计信息化系统，但建设水平和使用率都很低，并没有发挥出管理会计信息化系统真正的作用。

管理会计信息化系统不是一天建成的，更不是买来即用的。信息化系统最大的作用是帮助企业办公人员从繁重的手工劳动中解脱，使其工作方式从手工抄录、保存纸质文件转向电子数据传输、流程自动化。转变往往是困难的，习惯以前的工作方式并从思想上抵触信息化建设，这样即使投入资源进行相应的建设，最终的结果也不是良性的。管理会计信息化系统的建设，需要企业在制度规范和员工培养上进行改变，两者相辅相成，缺一不可。管理会计信息化系统建设需要符合当前的企业环境，不能生搬硬套，需要企业根据现状一步步进行，一个模块接一个模块地进行，同时树立思想观念和培养人才队伍。

思想观念的树立应从企业内部自上而下进行。从上层领导入手，使其充分认识到对管理会计进行信息化和智能化改造的重要性和必要性，以及管理会计信息化系统建设对企业经济效益提升和竞争力提高的作用。再对企业基层员工普及和灌输管理会计信息化系统建设的意义，同时加强管理会计信息化系统建设人才队伍的培养。

当企业内思想观念的树立进行到一定阶段时，就可以开始进行管理会计信息化系统建设。管理会计信息化的功能，要优先满足企业管理会计日常工作的需要。企业要对目前内部的信息化水平有一定的认识，在加强会计信息化建设的同时，选购管理会计信息化系统，且管理会计信息化系统要与企业本身的发展情况和管理观念相符。同时，需要建立一个标准化、统一化和集中化的信息共享平台。数据的标准化可以保证会计信息在各个业务系统中的可识别性和可处理性。信息共享平台可以借助互联网有效收集对企业有价值的数据信息，再结合企业内部业务平台所产生的数据，进行更有利于市场发展的分析。

1. 智能化预算管理

企业多元化发展已成为趋势，越来越多的企业愿意涉足更多的业务领域展开更激烈的竞争。为了提升竞争力与发挥优势，企业势必需要具备快速的市场反应能力与洞察力。而智能化预算管理可以通过计算机对海量的数据进行过滤及分析，不仅在一定程度上减少人力成本，而且可以进行最佳预测，为企业创造更好的市场先决条件。智能化预算管理可以对市场环境进行有效的分析，并编制成预算报表，使企业更好地实施研发和生产，控制成本和安排资金流向。目前预算管理模块在国内专业会计管理软件中得到了广泛的应用，随着大数据和人工智能领域的发展，预算管理的智能化趋势也变得十分明显。我国目前在该领域仍处于探索阶段，预算管理与人工智能的完美结合还需要进一步研究与实践。

2. 智能化成本管理

成本是企业进行经济活动时的重要组成部分，对成本的管理也是会计工作的重要一环。企业成本可分为固定成本、可变成本和混合成本三种形式，混合成本是最普遍的形式。在传统的管理会计过程中，由于信息的限制，管理会计人员对混合成本无法进行准确的分类，从而直接影响决策的准确性，严重的可能会对决策产生误导。而智能化成本管理则引入大数据分析与挖掘功能，可以将传统会计中混合成本分解，弥补传统会计管理中存在的不足。传统管理会计判定企业盈利或亏损的关键因素有商品的单价、销量、固定成本和变动成本，在进行盈亏临界点的核算时，对商品的销售总额、销量比重等进行计算，就可以估算商品的销量。管理会计在传统工作模式下预测销量时，由于缺乏科学依据，只能参考历史销售数据，主观分析消费者的个性和竞争产品特征，然后结合国家相关经济政策和宏观调控，完成对产品销量的分析。整个分析过程以数据为依据，但加入了个人的主观因素，若换一个人再次对销量进行分析，结果可能就会不一样。智能化成本管理可以根据所采集的数据样本进行自动预测分析，分析结果准确度不受个人主观判断的影响，而取决于所收集数据样本的维度与准确度。因此，智能化成本管理减少了人工分析主观判断带来的偏差，为企业在成本分析中提供了强有力的支撑。

3. 智能化绩效管理

通过绩效评估，企业能够获得有关公司经营发展的详细信息。如果绩效评估结果较好，说明企业的业务发展相对顺利，而且企业的人才储备也相对充足，管理层就可以据此制定进一步的发展战略。如果绩效评估结果不佳，说明该业务可能正朝坏方向发展，人才流失较严重，管理层可及时修改或终止该业务。因此，绩效管理也是会计管理的重要环节，在企业运营中占有重要地位，它可以及时管控企业正在进行或即将开展的业务。智能化绩效管理能够充分利用信息共享系统对数据进行有效分析，梳理个人、团队和企业之间的绩效关系，管理层能够通过其整理出的结果来完善企业的绩效评价体系和相应的鼓励政策。

三、信息时代管理会计工作方式更加科学和精准

进入互联网时代后，传统的商业模式和市场规律都发生了变化，传统企业迎来了巨大的挑战。然而，传统企业并不会被新兴互联网企业所取代，而是逐步向互联网转型。企业管理没有发生本质的变化，只是改变了管理模式、工具和方法。管理会计是企业实现精细化管理和创造价值的重要管理工具，可结合信息技术，发展出一系列管理方式和信息化的管理工具，如财务共享服务中心模式、员工差旅费申报云服务等。

互联网的发展使数据的传输更加高效，数据的频繁更新对企业精细化管理也提出了较高的要求。运用网络，企业各部门之间可以数据互联，也可以与子公司、合作伙伴或相关政府部门数据互联。精细化管理已不再局限于企业内部，而是扩大到整条产品供应链。企业信息化建设使业务与财务密切融合，并在融合过程中加强了内部控制。由于业务数据采集更加全面与精细，再结合互联网大数据，管理会计出具的内部管理报告内容将更加丰富，数据分析也更加科学和精准，管理会计的价值也得到了最大化的体现。

管理会计信息化通过互联网、云计算等衍生出了新的管理方法和工具，例如面向企业全体员工和整个过程的全面预算、财务共享服务中心、以流动性管理为核心的经营资金管理、绩效评估考核会计责任中心、以大数据分析为依据的内部报告和决策等。这些新的管理方式和工具使企业的运营流程、会计流程和管理流程在运营中实现融合。其中，财务共享服务中心可以推动财政制度的改进，明确区分了财务会计和管理会计，并为管理会计提

供了数据基础、组织基础和管理基础。

　　管理会计的一个重要职能是通过收集各方面的数据预测企业前景，帮助管理层制订企业发展路线或做出管理决策。以全面预算为例，传统管理会计大多是参照企业内部数据或历史数据进行数据分析，并且由于存储介质和业务流程的关系，所收集的数据是碎片化的，加上分析工具的限制，无法与同行业或其他头部企业比较。而基于云计算和大数据的全面预算，会使得过程更加科学，结果更加精确。

四、管理会计的创新趋势

　　加里·柯金斯（Gary Coggins）先生是高级成本管理和企业绩效管理领域的专家。他认为，管理会计必须创造一个新时代 —— 新技术和商业模式层出不穷的时代。在管理会计时代，管理会计创新有七大趋势。

　　1. 由分析产品向挖掘客户需求转移

　　在互联网时代，获得新客户的成本远远高于保留现有客户的成本。随着竞争的加剧，同类型的产品变得越来越同质化，也更加标准化。企业最大的竞争力不再是产品的功能，而是客户服务。因此，管理会计需要使用基于活动的成本核算和其他成熟的方法来帮助营销部门深入挖掘客户的潜在需求。企业在客户股东之间需要保持平衡，这正是管理会计的作用。

　　2. 助力企业实施发展战略

　　企业的绩效管理是通过建立平衡计分卡和绩效考核指标体系、绘制战略地图、精益管理、客户关系管理等方法来实现企业发展战略的管理，这些方法可以同时使用。在管理上类似于流水线操作，是相互联系的。企业从基层到高层都可以运用管理会计全面实施企业发展战略。

　　3. 更侧重于预测

　　加里·柯金斯认为，许多企业的预算仅仅是会计师们编制的结果，与企业本身的战略没有直接关系。除了利用成本核算对经常性需求的驱动部分进行计算外，企业也应该做好风险管理和预算的准备工作。

　　4. 运用商业分析

　　分析客户需求是保证企业长期处于竞争优势的主要手段。运用商业分析，可以得出高盈利客户的消费原因，从而有针对性地对特定人群策划促销活动，挖掘潜在客户的价值。

　　5. 多种成本法并存

　　不同类型的经理和团队会根据不同的商业目的使用不同的成本法，因此管理会计方法可能同时存在两种甚至多种，这是一个颠覆传统管理会计的趋势。

6. 内部 IT 服务被视为一项商业行为

信息化的加速发展使企业意识到信息化对企业管理和业务发展有积极的促进作用，而不仅仅是提供便捷办公的辅助手段。尤其在某些信息密集型产业，例如金融机构，其 IT 技术部门开支达到了收入的 10%。可见 IT 技术部门不再仅仅是对内服务的部门，而是被看作为企业增加核心价值和提供战略支撑的部门。

7. 管理会计人员需要提升职业技能

管理会计人员需要提高自己的职业技能和拓宽知识面，包括学习社会学和心理学，掌握激励理论和方法，成为企业的管理专家。

第五章

大数据时代管理会计信息化发展

第一节　大数据如何为管理会计赋能

在大数据技术发展进程中，财务会计向管理会计转型是企业发展的必然趋势。大数据时代背景下，随着信息处理技术的发展，财务会计的工作方式有了很大的变化，越来越多的基本工作被信息系统所取代。为了提高财务会计的工作效率，企业必须加强对会计信息化系统的建设和改造，提高对信息数据的处理能力，同时对会计数据获取方式和渠道给予重视，从而通过会计信息化系统获得更多经济价值。大数据可让人们从大量信息中获取所需知识，并且可以给企业提供发展所必需的基础。

一、大数据对管理会计的影响

互联网让企业衍生出线上和线下两种模式，给企业提供了更多的机会。在数据横流的时代，企业要重点关注企业内部和外部相关的数据，提取隐藏在数据背后的价值，从而获得发展与创新。许多企业建立了信息化系统，包括财务和业务系统，但彼此之间相互独立，数据不能实时打通，这就给管理会计增加了数据收集的工作。同时，数据间缺少时间的连续性和业务的整合性，导致分析得出的会计信息有一定偏差。要想真正让信息化系统帮助管理会计，就必须打破各个系统之间的壁垒，破除"数据孤岛"现象，将数据以标准化、智能化和规范化的方式整合起来。

业界人士将大数据比喻为沙子，而数据挖掘技术就是一种帮助人们从沙里找到金子的工具，在沙里淘金的过程中企业需具备大数据分析的能力。因此要让管理会计在大数据时代发挥出更大的作用，信息化系统的改造和建设是非常必要的。大数据时代的到来使管理会计的工作模式、信息获取渠道、技能要求等都发生了变化。

1. 管理会计分析更加注重过程

利用大数据技术，管理会计获得的数据更加全面，分析不再局限于结果，而是更注重过程，这提高了管理会计的管控能力和预测能力。例如，管理会计在分析一款产品的销量时，不仅应对产品最终销量进行分析，还应该收集客户的反馈意见。如果只是产品的外观或质量问题导致销量下滑，那么只需要改进产品就可以提高销量，而不是关闭整条产品线。过去，由于收集和整理数据比较困难，管理会计仅以最终数据作为决策的依据，而忽视了过程的重要性。到了大数据时代，信息收集的范围越来越广，收集速度也不断提高，这为管理会计提供了更完备、详尽的数据，使管理会计分析的重心从结果转移到过程，能更加全面地对从生产到销售的各个环节进行剖析，充分发挥管理会计的预测职能。

2. 增加会计信息搜索渠道

在大数据时代以前，企业一般根据相对准确但数据体量较小的会计信息进行投资决策，这类会计信息的获取方式比较简单，数据结构也非常单一，搜集的渠道也相对较少。到了大数据时代，随着信息化系统的推进和互联网信息共享平台的建立，企业可以通过线下和线上两种方式搜集会计信息，所搜集的信息也更加多样化，结构也更复杂。比如企业通过自建的信息系统，可以搜集产品从研发到生产到销售到物流再到维修的整个生命周期的数据，通过互联网还可以搜集同类竞品的各项数据。信息渠道的拓展，让大数据时代的管理会计可以从不同角度、不同层面为企业决策提供更好的建议。

3. 对全面预算的编制和执行产生积极影响

管理会计的控制职能可以通过全面预算来实现，大数据的相关技术将对全面预算的编制和执行产生积极影响。通过大数据技术，管理会计可以获得更加全面、精确的会计信息，从而在全面预算的编制过程中，能更加全面地从横向或纵向比较与竞争对手之间的数据差异，制定出更加有效的预算报告。在全面预算的执行过程中，可利用大数据技术打破财务系统壁垒，实现企业财务预算跨部门进行，财务部门根据不同的部门来分配资源，再根据部门的性质编制报告，与各部门联合实施预算，实现企业的目标利润。

4. 协助绩效考核

管理会计采用大数据技术，可以获得更全面的会计资料，因此，制订的绩效评估方案也会变得更加合理和准确。通过数据挖掘，企业可以获得完整的业绩报告，从而建立可靠的绩效考核模型，并为每位员工制定有针对性的绩效考核标准。最后根据绩效考核结果，制定相应的奖惩制度。

5. 数据分析能力不足可能导致错误决策

大数据时代的会计信息并不仅仅包含结构化的数据，Gartner 公司曾在调查报告中指出，大数据中非结构化的数据占数据总量的80%。而一般的传统企业并不具备从非结构化数据中提取会计信息的能力，无法对会计信息进行分析。此外，大数据具有低价值密度的特性，能产生价值的数据只占据很少一部分，若没有基于云计算的管理会计信息化系统，管理会计就很难得到准确的会计信息，无法进行准确的定性定量分析，最终产出的报告可能出现错误和偏差，直接影响最后的决策。

6. 影响管理会计人员的数据处理效率

大型互联网公司数据的存储量从TB级一直扩大到了PB级，据统计，光百度公司每日新增的数据就超过了10TB，淘宝更是超过了50TB。数据的存储量不断增大，对管理会计在清理无效数据和提取有效数据上提出了挑战，但是目前我国会计复合型人才非常稀缺，提取有效数据并建立关系，对于传统管理会计人员来说有一定困难。在大数据的冲击下也就出现了管理会计人员数据处理效率和信息整合能力下降的现象。

7. 会计信息安全性降低

会计信息受大数据技术的影响，共享度提高了，共享范围也扩大了，但会计信息安全性降低了。由于大数据的主要成分是非结构化数据，在大多数情况下，大数据采用的是非关系性数据库。非关系性数据库相对于关系性数据库来说，访问控制和隐私保护的功能相对较弱。会计信息大多保存在会计数据中心，而不是个人的计算机硬盘中。建立数据中心的目的就是数据共享，让数据流通。系统或数据如果没有保障，就很容易遭到恶意破坏或传播。通过网络，企业的商业机密在几秒钟内就能传播到全球，这将给企业造成重大损失。2011年上半年，黑客袭击了索尼三个重要的数据库，其中包括客户隐私信息（姓名、出生日期和信用卡号等），导致上亿的客户资料和上千万的信用卡号被非法获取。通过安全专家的鉴定，系统中被黑客攻击的漏洞是一台既没有打上系统补丁也没有安装防火墙的过时服务器。而在发生攻击事件的前几个月，索尼就知道了这台服务器存在安全隐患，却没有足够重视。最终索尼花费了1.71亿美元来挽救客户关系，但企业的形象已被严重损害。

二、大数据时代管理会计必须要做的转变

与其他岗位相比，管理会计更依赖数据，它与数据之间的关系更为密切。大数据时代的到来使得人们获取数据信息的渠道更加广泛。进入信息时代，企业传统的纸质化办公模式转变为电子化的流转模式，电子化操作将原有人力操作的流程大大简化，提高了业务处理的速度和精确度。到了大数据时代，在流程简化和效率提高的基础上，信息的获取范围不再仅限于企业内部的业务数据和手动整理的外部数据，会计信息的范围被扩大，会计行业范围也伴随着会计信息范围的扩大而扩大，突破了地理层面的限制。海量数据的突然涌入，使得管理会计人员承受着巨大压力，如何从杂乱无章的海量数据中提取真实可靠且有效的数据，成了当前管理会计人员面临的挑战。加上信息技术的突飞猛进，大数据时代管理会计人员间的竞争将变得更加激烈。为了让管理会计适应大数据时代的转型，企业需要

做出转变。

1.提高管理会计对大数据的认识

企业需将大数据的相关知识引入管理会计人员的日常工作中，使管理会计人员学习非结构化数据存储和处理技术，通过企业自建或合作搭建的信息化系统高效地提取会计信息。企业还可以推进可扩展商业报告语言（Extensible Business Reporting Language，XBRL）的应用，XBRL 是一种以互联网为基础的编制财务和商业报告的计算机语言，它主要用于集成非结构化数据，在世界上被广泛认可，目前已有超过 50 个国家使用。我国深圳证券交易所和上海证券交易所已应用 XBRL，取得了显著的成效。

2.引进新兴人才，培养中高层会计人员

相对于传统的管理信息系统，大数据时代的数据处理技术更加专业和复杂，对管理会计人员的能力要求更高。现实中，管理会计行业的信息化系统建设人员相对较少，虽然近几年人数在不断增加，但专业化水平还远远不够。海量的数据和众多的信息获取渠道，虽然能为管理会计人员提供更广阔的发展空间，但也对管理会计人员的数据甄别能力提出了挑战。管理会计人员在实际工作中，往往会因为数据过于复杂而出现判断错误的情况。管理会计本身就是一门建立在数据分析基础上的学科，管理会计人员日常工作内容就是收集和分析数据，并结合企业发展目标对信息进行处理，辅助企业管理层做出决策。如果信息分析和处理过程出现了偏差，那最终产生的决策也会与理想状态背道而驰，会给企业带来巨大风险和损失。大数据时代的管理会计工作环境已发生改变，部分从业人员在意识上还没有足够重视，这不利于管理会计行业的长远发展。

步入新时代后，企业除了培养原有的人才外，不可避免地需要从外界引进新兴人才，人才是企业和行业不断发展的重要动力。因此，要想在大数据时代转型并提升管理会计能力，就要吸收和培养更多专业型人才。通过产学研相结合的方式，招聘优秀高校毕业生，同时加强企业内部培训，为企业的发展储备人才资源。对管理会计人才进行定期考核，同时引入管理人才和技术人才，从而加强与提高管理会计人员信息甄别和分析能力。通过引入、培养、实践、考核四大过程，促进企业内部专业人员的全面发展。

3.完善管理会计报告制度

从时间的角度来看，以前的管理会计报告是以月为周期进行编制的，但是在当前大数据环境下，数据无时无刻不在变化，企业的经营风险、财务风险以及经济政策等相关信息也在随时改变，如果仍然以月为周期来编制报告，企业对市场变化情况的掌握就会产生滞后性。为了解决滞后性的问题，企业应根据自身业务情况和管理水平对报告的周期进行调整，若信息化系统已具备实时报告的能力那就更好。管理会计报告所披露的内容除了财务数据外还应体现出业务数据的特征，以使企业管理者能全方位地了解企业发展情况。

4.提高数据安全性

自互联网时代起，信息和数据的安全就是一个被企业管理者反复强调的问题，因此企业管理者和管理会计人员都应该树立信息和数据安全意识。企业应通过自建或合作的方

式来构建企业信息安全平台，加强对企业敏感信息的管理和监控以及提高对企业信息处理的标准化程度和安全程度，从而提高相关人员的安全意识。这样既促进了企业数字化的转型，也提升了企业在市场中的竞争力，对管理会计的发展起到了推动作用。

5. 加大系统硬件投入

大数据处理平台与信息管理系统一样需要软件和硬件的支撑，但大数据处理平台需要的环境又有别于信息管理系统，若沿用或复制原有信息管理平台的硬件环境，那么它在数据处理上将达不到理想的效果。相对于信息管理系统而言，大数据处理平台所需的存储和运算能力更高。但是由于资金、技术、管理意识方面的问题，企业往往在硬件上不会过多投入，这阻碍了大数据处理平台的建设与发展。大数据及相关的信息技术，无论是大数据挖掘还是数据处理分析，都是基于现有计算机技术建立发展起来的，都离不开物理硬件和软件。因此要促进企业中管理会计与大数据协同发展，增加企业竞争力，就需要从意识上对大数据的发展有一个清晰的认识。同时，需要在硬件和人才上加大投入，使其在技术和平台上发挥真正的作用。管理会计可以借助信息化系统处理企业内外部的海量数据，为企业的精细化管理，也为企业的预测、决策、预算、控制、考核和分析等方面提供数据上的支撑。

第二节　大数据时代管理会计信息化建设的主要内容

大数据时代的来临，对企业管理会计产生了巨大的影响和促进作用，同时给企业的信息化建设和管理带来了一定的困难和机遇。企业需要制定适合大数据时代的发展战略目标。大数据平台提供了较为完善的数据和资源，对管理会计信息化建设起到了良好的促进作用。

一、管理会计信息化应用现状

1. 预算管理信息化

对任何企业来说，预算管理都是一个重要的环节，会对企业的经济活动产生重要影响。企业所处的市场环境随时在变化，目前很多企业采用了多种经营模式，扩大了业务范围，这对企业的预算管理工作提出了更高的要求。企业对于市场活动的预测会体现在新产品的研发创新及新业务拓展的预算管理和资金安排等环节，最终形成预算表来安排和监管企业的经营活动。国内企业正逐渐实现预算管理信息化，但预算管理信息化技术要求相对较高，目前国内还未得到真正普及，完全实现预算管理信息化的企业较少。

2. 成本管理信息化

随着市场的拓展和业务规模的扩大，企业在不同的地域和领域拥有了更多的分公司和合作伙伴，对整个企业成本管理精细化的要求日益严格。建立数据资源共享平台能对企业的各项成本信息进行很好的集成和管理。企业利用大数据技术和理念建立成本管理信息化系统，就能够对生产过程中所使用的材料进行有效跟踪。成本管理信息化系统可以通过数据平台获取财务系统中的相关信息，对原材料的购买、产品入库和销售出库等各个环节进行全过程的监督和管理。企业通过成本管理信息化系统可以掌握生产经营的全过程。成本管理信息化系统可将企业现有的生产经营活动通过企业价值链分析理论进行分解，对相关成本进行大数据分析，同时结合财务系统的历史成本数据，最终为企业提供生产经营活动的有效改进方案。与预算管理信息化系统相同，由于业务体量、公司规模、资金情况等原因，我国目前能完成成本管理信息化系统建设的主要是大型民营企业。

3. 绩效考核信息化

绩效可反映企业在一段时间内经营活动成果。企业的绩效良好，代表企业具有良好的发展前景，可以实施扩张计划。而企业绩效不断降低，则说明企业的现有人员已无法支撑业务的拓展，就需要考虑调整和缩减业务。绩效考核信息化系统通过与各大业务系统进行数据对接，获取员工数据、财务数据及消费者评价数据等，可以对业务及员工进行全方位的综合分析，通过制定关键绩效指标，自动生成绩效报表以提高计算的精确度。

二、中国管理会计发展面临的客观问题

1. 管理会计理论体系不够完善

管理会计最早在西方国家诞生，它是管理科学的一部分，而我国直到1970年后才开始引入。虽然我国经济逐步迈向国际化，但从国外引入的管理会计的一些方法和理论与我国企业发展的实际状况并不相符。因此，如何吸纳管理会计提出的新理论和方法，并对它们进行本地化改造，以适应中国的情况和企业发展方式，是管理会计在中国推广面临的首要问题。任何理论的发展和应用都应该以当前的社会经济环境为基础。管理会计应用的方法基本上借鉴了统计学和经济学的相关知识，也有部分是根据实践经验抽象出来的理论，因为企业环境的不同不一定会与当前企业现状相匹配。若企业强行按照书本改制，非但不能解决问题，反而扭曲了事物的本质，会导致最终决策受到负面影响。为了将管理会计完美地融入企业的经营管理中，充分发挥其作用，企业必须形成一套符合我国国情和企业发展的管理会计理论，并在经营过程中充分运用。然而，尽管我国已经开始在企业中试行管理会计，但缺少相关人员深入地研究，因此离建立具有中国特色的管理会计理论体系还有很长的距离，现有的管理会计无法很好地帮助企业解决经营管理过程中遇到的问题。

2. 缺乏管理会计理论实践

由于我国管理会计起步较晚，同时缺乏一套科学的符合国情的管理理论和办法，企业

在运用中很难充分发挥它的作用。从总体上来看，我国的管理会计理论体系还非常简陋，其实用性较低，在解决企业管理问题上缺乏足够的针对性。造成这种现象的原因主要有两个，一是管理会计本身的功能，二是管理会计的应用对象。由于国情的差异，在国内按照西方管理会计理论进行实践注定无法发挥有效管理会计的作用。

3. 管理会计信息化系统不完善

管理会计信息化系统有别于传统的会计信息化系统，它是管理会计与大数据相关的技术集成系统。通过计算机和网络，管理会计信息化系统可在日常事务中帮助管理会计人员收集、整理、计算、分析财务信息和非财务信息，为企业的经营规划、战略决策、经济控制等提供全方位、及时和准确的信息。但我国在管理会计的推行过程中遇到了诸多问题，导致企业未能足够重视管理会计的信息化，使得管理会计信息化系统的建设发展缓慢。管理会计信息化系统的建设还需依托企业完善的内部控制制度，而实际上大多数的企业内部控制制度目前还只是一种形式。管理会计理论和实践脱节也是管理会计信息化系统建设的阻力。

三、大数据时代管理会计信息化解决了哪些问题

目前管理会计信息化在中国发展遇到的问题，主要是缺乏符合中国国情的理论体系的支撑，这导致企业在实际运用中很难发挥出管理会计信息化的实际作用。然而管理会计信息化在国外的发展势头很猛，在企业应用中也发挥着巨大的作用，管理会计信息化的发展趋势是显而易见的。因此与国际市场接轨，发展具有中国特色的管理会计信息化理论的需求也越来越迫切。在管理会计信息化推行的今天，越来越多的企业管理层已经意识到管理会计信息化的重要性，但面对运用中出现的问题，他们无法找到相应的解决办法，导致管理会计信息化推行起来有较大的阻力。

我国在管理会计信息化的理论研究上还处于起步阶段，目前还没有形成一套符合我国国情的管理会计信息化理论系统，而理论是从在经营过程中产生并积累的实践经验中提炼出的。将管理会计信息化在企业实际发展中运用，再结合用大数据技术打造的会计信息化平台，能很好地看到管理会计信息化推行后的真实效果。大数据技术也提供了大量的信息化辅助手段，可以帮助管理会计人员在实施过程中简化工作流程，并提供数据上的支撑，对决策提供帮助。

1. 提高会计人员信息获取能力

管理会计信息化在实践运用中遇到的最大问题就是无法获取全面的会计信息，数据的不完整性会导致建立的模型无法发挥出良好的作用。大数据技术恰恰解决了这一问题。利用大数据技术可以获取全面且详细的财务数据和非财务数据，为企业管理者利用管理会计的决策模型提供了强有力的支持。还可以将大数据处理技术与云计算相结合，不断完善模型，使管理会计信息化能更好地运用于企业管理。

2. 让预测分析更精确

预测分析是管理会计工作的一个重要环节，它通过处理和分析企业经营的历史数据和其他行业数据，做出销售预测、成本预计和利润估算等。目前比较常用的分析方法有因果预测和回归分析，而传统的预测法在数据的处理上都有共同的缺陷。传统预测法为了节省时间和降低成本，处理数据过于简单，虽然节约了时间成本，但也降低了预测结果的精确度。当前大数据技术使数据处理更加精确和高效，弥补了传统预测法的这一缺陷，从而在保证效率的前提下提高了预测结果的精确度。

3. 让全面预算更有效

全面预算管理平台是一个对企业的预算数据管理和财务决策提供支持的平台，需要与许多的管理业务系统对接，从而为企业提供实际的业务数据，包括人事管理业务系统、项目管理业务系统、资金资源管理业务系统、库存资源管理业务系统、项目质量管理系统等。随着企业业务的拓展、规模的扩大，各个业务系统所产生的数据也会越来越多。数据在传输过程中会经过清洗环节，体量会缩减，但经过长年累月的积累，数据量还是会不断地增大，在企业的业务层面形成内部的大数据。信息化系统与大数据技术结合将改变全面预算的局限性，为企业提供更加全面、可靠的数据样本。

四、大数据时代会计信息化建设的核心功能

随着新应用、新模式和新业态的不断出现，越来越多的企业认识到数据对企业的重要性，数据也将在对企业未来的发展中起到关键作用。同样，越来越多的学者将数据获取、储存、分析和可视性呈现作为当前研究的一个重要课题。越来越多的科技企业针对大数据设计出了大量的企业套件并在市场上推广。

大数据技术可以通过多种方式获取海量数据，企业的核心问题是如何处理、分析这些数据，从中获得对企业发展有价值的信息。大数据处理的核心和企业利润增长的关键在于需要运用技术方法加工数据，从复杂的数据背后找到它们相互之间的关系。大数据的发展引发了思维、技术和方法的变革，会计人员应该积极地适应大数据时代的思维模式和信息处理方式，并不断提高自身能力以适应企业发展的需要。

1. 数据存储载体从关系型数据库向云计算模式的数据仓库转移

传统的会计信息化系统多采用关系型数据库作为存储数据的载体，关系型数据库具有良好的性能，对结构化数据的存储和检索有良好的可读性和操作性。但对于大数据时代所产生的非结构化数据，关系型数据库作用有限。取而代之的是基于云计算模式的数据库，云计算模式中的数据库可以兼容海量的结构化和非结构化甚至结构可变的数据，并对数据进行存储、清洗、查询和统计分析。数据仓库的建立可以说是企业信息化建设的第一步，会计信息化系统相关的研发、维护及安全防护也应紧随其后。

全球企业正向信息化加速转型，我国绝大多数企业也已自建多套信息化管理系统，

如企业资源计划系统、客户关系管理系统、办公自动化系统、项目管理系统等。但由于系统建设的时间不同、实施者不同、开发语言不同、部署系统不同，数据传输的标准和结构都不统一，很难实现各个业务系统间数据的集成。拿最简单的用户管理来说，同一个人在不同的系统中可能有对应的不同账号和不同密码，频繁地在系统间切换非常麻烦。更为重要的是，因为数据的封闭性，各个业务系统形成了"数据孤岛"，无法提供跨部门、跨系统的综合性信息，从而导致同一个数据可能要在不同的系统中多次录入，反而降低了办公效率。

大数据时代，企业信息化最核心的思想就是打破系统间的壁垒，使系统间的业务数据流转。会计信息化系统作为企业业务系统的枢纽，需要采集各个系统的数据，因此企业需要制定数据标准规范，使各个系统间的数据通过转化形成可以统一处理的数据，为会计信息数据共享平台的建设打下基础。通过云计算模式，跨区域型的企业能将各个区域的数据按照标准化进行转化，存储在各自的会计数据分子中心，再通过专线或互联网将各分子中心的数据按照规定录入集团数据中心，使数据形成一个统一的整体，这样就通过分布式并行计算提高了数据处理的效率。

企业在发展过程中，数据会不断增多，达到一个惊人的量级。企业只有利用大数据技术建立标准化的数据仓库，才可以容纳海量的数据。根据统一的标准和规则录入数据，使企业管理者可以分析整个企业的发展情况和单个子公司的业务状况，也可以分析某一项具体业务的进度情况，甚至对员工的绩效进行分析。

2. 形成实时财务报告

传统的会计财务报告是在企业生产和经营周期结束之后编制的，由于数据收集、整理等各方面的原因，编制财务报告十分耗时，例如根据公司的年度业务规模，编制一份财务报告可能需要花费 2 ～ 4 个月的时间。而且传统的会计财务报告只是对企业过去的经营和财务情况进行总结，实时性并不强。到了信息瞬间万变的大数据时代，企业对财务报告实时性的要求越来越高，及时掌握信息才能做出正确的战略调整和规划。特别是银行、证券、保险等金融行业，对企业业务数据和风险控制数据的实时性要求更高。对于这些特定的行业来说，实时财务报告的出现将会为业务发展带来质的提升，同时也提升了企业的核心竞争力。企业通过将内部业务系统和会计信息化系统进行数据对接，可以全方位采集企业各个领域的数据，形成企业内部的数据库；再通过与互联网对接，可获取财务报告相关的数据信息，形成外部信息数据库。会计信息化系统将内部与外部数据进行整合，形成实时财务报告，管理会计人员在财务报告系统后台录入数据，最后以网页的形式将财务报告进行动态的呈现。

3. 预测功能

通过大数据技术，企业可以根据历史经营数据对经营情况进行建模，以预测未来的业务发展。例如根据建模情况，企业如果发现在特定的时间节点上某款产品销量特别好，那么就可以提前生产，备足货源。在大数据时代，管理会计人员应该尽快掌握大数据相关的技术和方法，确保企业能稳步地进行大数据信息化转型。管理会计人员在掌握和运用了相应的大数据技术之后，不再局限于只确保企业经营数据的准确性和有效性，还会在企业经营过程中发挥更大的作用。通过收集、整理、储存、清洗和分析大数据，管理会计人员在工作中逐步从"反映过去"转变为"预测未来"，使企业走向良性的可持续的发展道路。

管理会计人员为了预测企业未来，首先要制定数据的评估方法，在符合规定和有效管理数据范围内，发挥合规、有效的管理作用。然后对企业内部财务资料进行整合，利用大数据平台为企业提供更有针对性的决策支持。利用大数据的相关工具，管理会计人员可以提高会计服务能力并能预测出企业生产经营活动中的风险，帮助企业有效地规避风险。

4. 推进全面财务管理

在大数据时代，传统财务管理的概念将会被颠覆，财务管理不再局限于传统财务领域，而是渗透到企业的销售、人事、生产、运营等业务领域中。企业在生产和经营中产生的一切数据信息，都可作为大数据分析的基础数据，因此管理会计人员需要采集、整理和分析企业的各项经营和业务数据。在企业内部信息系统层面，企业需要搭建一个数据共享中心，使其和企业内部各项系统或外部相关系统进行数据对接，实现数据的流转和收集。通过数据共享中心，管理会计人员能更直接地了解企业各个领域的详细情况，从而做到全面财务管理。

企业要建立一套以大数据为核心的会计信息化系统，需要投入大量的资金，同时系统的建设也是一个庞大的、复杂的工程，需要企业管理层支持和协调，从思想、规范、流程各方面进行自上而下的革新。整个系统的建设需要上下级、部门间和企业间的相互配合，循序渐进地不断完善和改进。同时企业管理者和管理会计人员需要学习和掌握大数据方面的相关知识，这样才能充分整合企业内部数据，为大数据平台提供基础数据。

第六章

大数据时代会计信息质量的发展

第一节　当代会计质量特征研究的发展

一、会计信息的特征

（一）什么是有用信息

财务报告最重要的目标是为企业决策提供有用信息。根据美国财务会计准则，会计信息必须遵从相关性、可靠性、可比性和一致性。

1. 相关性

为使信息相关，会计信息必须足够重要，从而能够影响企业决策。会计信息应当能够证实或更正使用者的预测。而且，无论该信息有多重要，相关的信息必须是及时的。例如，对于美国西南航空公司或捷蓝航空公司等航空公司而言，石油价格非常重要。管理者需要根据石油价格制定机票价格。如果公司仅按月报告石油价格，那么该信息便不满足及时相关性。相关会计信息应当能够帮助决策者预测未来。目前，美国证券交易委员会要求公司在会计年度结束 60 日内披露财务信息。

2. 可靠性

当信息可靠时，人们才可以依赖它并能够验证它的真实性。可靠信息是不受报告人约束的客观信息。为使信息可靠，财务报表信息必须真实可信。例如，2016 年，融创中国实现销售金额人民币 1553.1 亿元，此信息必须真实且可验证；否则，就会误导投资者。

3. 可比性

除了相关性与可靠性之外，可比性也是有用信息的重要特征之一。可比性是指一个企业的财务信息能够与相似企业的同类信息进行对比，例如对一个公司的净收益与另外一个公司的净收益进行比较。当很多财务报表放在一起时，对于审计师来说可比性尤为重要。在 CAAP 下，即使是相同经济业务也存在多种会计处理方法，因此公司必须披露它们所选择的会计方法。这样，受过专业教育的投资者可以据此调整报告金额，从而达到两家公司可比的目的。

4. 一致性

有用的会计信息必须满足一致性。一致性是一种使公司不同时期的财务状况或经营成果连贯和可比的会计信息质量特征。只有当公司在不同时期均使用同一种会计处理方法时，比较才有意义。例如，Darden Restaurants 截至 2015 年 5 月 25 日当期会计年度收入为 66.3 亿美元，截至 2016 年 5 月 27 日当期会计年度收入为 55.7 亿美元。只有当这两个收入是基于相同会计方法确认时，投资者才能分析收入增加或减少的原因。如果收入增加是完全或部分由于公司更改了收入确认的会计处理方法，那么投资者会因此错误判断公司的真实业绩。财务报表使用者的决策依赖于会计准则规定的一致性要求。

（二）财务报告假设

会计核算的范围和揭示的对象是企业，而非股东。企业财务信息与其他企业或个人财务信息的差异被称为会计主体假设（Separate-entity Assumption）。它是指企业财务报表所提供的信息不包含股东个人或其他企业的财务信息。财务报表中的所有项目都用货币计量。这被称为货币计量假设（Monetary-unit Assumption）。

公司至少每年编制一次财务报表。作为内部使用的财务报表，其编制次数会更加频繁。美国证券交易委员会要求上市公司每季度披露财务报告，这使得报表使用者可以比较公司季度业绩。会计人员以财务报告为目的而将企业经营期限划分为有意义的若干会计期间，这被称为会计分期假设（Time-period Assumption）。尽管大多数公司每季度披露财务报告，但只有年度财务报告经过审计。大多数公司以日历年度作为会计年度。

会计人员假设企业在可预见的未来会持续经营，这被称为持续经营假设（Going-concern Assumption）。在该假设下，财务报表才有意义。假设一家公司在可预见的未来要停止经营，那么银行会贷款给它吗？如果一家公司即将面临清算，财务报表上的金额将失去意义。如果一家公司停止经营，财务报表中列报清算价值才是有用的。

（三）财务报告原则

除了上述假设外，财务报告遵循四大基本原则。

第一个是历史成本原则（Historical-cost Principle）。它是指资产按照购置时公司支付的初始成本予以记录。会计人员使用历史成本计价是因为它的公正性和可验证性使得会计信息更加可靠。然而，一些资产和负债却被重新估值作价并反映在财务报表中。在现实中，会出现资产最初以历史成本计量后调整为市场价值的情况。市场价值是指在正常情况下，资产在市场中销售所得的金额。虽然历史成本原则是一项基本会计原则，但 GAAP 与 IFRS 日渐放宽了公允价值在企业财务报表中的使用范围。在这里，值得权衡的是，人们是需要可靠性强的信息（历史成本准确且有原始凭证作为依据），还是相关性高的信息（公允价值对投资者来说更加有用，但无支持凭证且不够精确）。

第二个原则是收入确认原则（Revenue-recognition Principle）。GAAP 规定只有当收入实现时才能被确认（Recognized）。收入确认意味着收入应当被记录并反映在利润表中。只有当交易真实发生或交易过程已经完成或实质上完成时才可确认收入。销售中收到现金不是确认收入的必要条件。

第三个原则是配比原则（Matching Principle）。费用的确认时间依据因其产生的收入的确认时间而定。只有当该费用所产生的收入被确认时，它才可被确认并反映在利润表中。配比原则是利润表编制的基础。收入和产生收入所发生的费用配比。商品销售成本就是配比原则的体现。已售产品的成本才能被确认为费用并反映在利润表中。

第四个原则是充分披露原则（Full-disclosure Principle）。充分披露原则是指公司必须披露会对财务报表使用者产生影响的任何情形或事项。公司在应用该原则时需要做出诸多判断。

为了更好地理解财务报表所涵盖的信息，财务报表编制和应用仍遵循两个基本限制。这两个限制是 GAAP 规定的对财务会计进行约束或控制的财务报告的基本原则，它们分别是重要性原则与稳健性原则。

重要性是指与公司整个财务状况或经营成果相关的交易或事项的金额大小或重要性，即该事项足够重要到能够影响投资者决策。例如，对于航空公司来说，燃料费、职工薪酬和购买或租赁飞机的成本都是重要事项。相反的，如果事项不足以重要到影响投资者决策，它就会被视为不重要。GAAP 对事项重要与否没有严格的规定。例如，假设 2008 年捷蓝航空公司没有确认客户所购买的价值 350 美元的机票收入，但由于该公司当期所有收入总计为 33.8 亿美元，相比之下该错误与遗漏的金额显得微不足道，因此捷蓝航空公司无须更正会计错误。此项交易即被视为不重要。然而，如果存在诸多类似的错误，那么错误金额的总和可能就非常重要，捷蓝航空就应当深入调查并更正它们。

二、新世纪会计质量特征研究的发展

进入 21 世纪，国际会计准则理事会（International Accounting Standards Board，简称 IASB）与美国财务会计准则委员会（Financial Accounting Standards Board，简称 FASB）合作进行一个联合概念框架的研究项目，目的在于制定一个单一的、完整的、高质量的、内在一致的概念框架，于 2010 年 9 月制定了单一的联合概念框架的第 1 章和第 3 章。FASB 随之发布的财务会计公告第 8 号《财务报告的概念框架》也取代了第 2 号概念公告《会计信息的质量特征》。第 8 号概念公告的第 3 章"有用财务信息的质量特征"，其特点概括为两点。

（一）内容与层次都大为简化，结构更为严谨

第 8 号概念公告第 3 章是用来取代原来的第 2 号概念公告的。对比第 2 号概念公告，除第 2 号公告的背景资料之外，其他删减了 73%。而层次结构由 7 个层次减为 3 个层次，即基本的质量特征、增进的质量特征和信息约束条件。

基本质量特征指"相关性""重要性"与"如实反映"；增进质量特征指可比性、可稽核性、及时性与可理解性；成本与效益则是约束条件。

第 8 号概念公告第 3 章突出地说明：有用的财务信息至少具备相关性和如实反映两项基本质量特征，但若再具备可比性等四项增进质量特征，就能进一步提高（即"增进"的含义）财务报告信息的质量。这样，财务信息质量特征就显得更为严谨。

（二）几个概念的改进，使信息质量特征服从于通用财务报告的目标

第 8 号概念公告第 3 章修改了几个重要概念。

一是把过去"会计信息的质量特征"（第 2 号概念公告）修改为"有用财务信息的质量特征"，而提供对决策有用的财务信息就是通用财务报告的目标。

二是把主要质量和次要质量（原第 2 号概念公告的层次分类）改为基本质量特征与增进质量特征。

三是把基本的质量特征之一的可靠性（原第 2 号概念公告的提法）改为如实反映（Faithful-representation），使之更符合财务信息的特点。因为信息本来就是客观事物的反映。通用财务报告中的财务信息理应如实地反映一个主体客观存在的经济资源，对资源的要求权和引起两者实际变动的现实交易、事项与情况，只有如实反映，才有可能通过财务信息确切描绘主体的经营情况。

上述三个方面概念的修改，使第 3 章财务信息质量特征更贴近财务报表目标。

对于第 8 号概念公告第 3 章，总体上也是应当肯定的，简化与严谨的统一比第 1 章更为突出，但遗憾的是在附录第 3 章的结论从基础上却明确指出：透明度（Transparency）、高质量（High Quality）、内在一致性（Internal Consistency）、"真实与公允观点"（True and Fair View）或公允表述（Fair Presentation）与可信性（Credibility）都被排斥在第 3 章"有用财务信息的质量特征"之外。总的理由是，这些"用语"（表述）不过是基本信息质量与增进信息质量的不同表述（描绘），有些人建议用另外的标准做出信息质量咨询的决策与 FASB 不同，而 FASB 则认为自己的标准是简化、实用并容易接受的。

不过，任何概念出现并流行，都有它的理由。比如"高质量"一词，现已是 IA5B 制定的国际财务报告准则努力的方向。至于"透明度"或"透明的"信息则多次见于美国 SEC 向国会提交的《关于调到市价会计研究》的重要报告之中。而且，早在美国 2002 年制定的"萨班斯—奥克斯莱法案"第四章第 401 节"定期报告中的披露"（C）、"特别

目的实体的报告研究"(2)中的(E)即用了透明度(Transparency)一词，即说"任何SEC关于改进在财务报表中与披露报告资产负债表外交易的透明度与质量，必须由发行人向SEC填报"。

高质量（主要是对会计准则的质量要求）与透明度（主要是对财务报告信息的质量要求）这两个概念既然如此广泛流行，准则制定机构应当认可、接受并予以定义。

2004年10月IASB和FASB决定联合制定概念框架，以取代各自的概念框架，该项目计划分为八个阶段。经过七年努力，2010年9月IASB和FASB联合发布了第一阶段的最终成果——《财务报告概念框架》第一章《通用目的财务报告的目标》和第三章《有用财务信息的质量特征》。2010年9月FASB发布《财务会计概念公告第8号：财务报告概念框架》（即SFACNo.8），上述联合发布的第一章和第二章的内容被编入SFACNo.8，取代了原来的SFACNo.1《企业财务报告的目标》和SFACNo.2《会计信息的质量特征》。2010年9月IASB发布了《财务报告概念框架（2010）》，上述联合发布的第一章和第三章的内容被编入新发布的《财务报告概念框架（2010）》，取代1989年国际会计准则委员会（IASC）发布的《编报财务报表的框架》中的相应部分。2013年7月IASB发布《财务报告概念框架（讨论稿）》。IASB和FASB的合作的确能大大提高国际财务报告准则（IFRSs）的质量，从而有可能建立起一个全球有威望的制定会计准则的示范和领导机构。由于财务会计信息是国际商业语言，会计准则将规范这种商业语言，使之按高质量、透明度的要求被各国广泛接受。概念框架则是会计准则的基础，因而，它能使依据会计准则所编制的财务报告更具有可理解性和可比性，能更好地沟通国际投资、理财等活动，这对于促进全球经济复苏和各国经济的紧密合作有着重要的意义。

第二节　会计信息质量对投资效率的影响

一、会计信息对投资效率影响的理论分析框架

（一）投资效率的影响因素

根据现有的投资理论，影响投资决策的主要因素归纳起来有四个：投资机会、融资成本、项目选择及预期和识别投资机会。早期的投资理论特别是Q投资理论：布雷纳德（Brainard）和托宾（Tobin）认为，在美元的资本市场假设下，决定投资的唯一因素是投资机会。此后的研究逐渐放宽了这一假设，认为因资本市场存在的信息不对称导致的逆向选择问题，使企业外部融资成本高于内部融资成本，部分公司面临融资约束，从而产生投资不足，这就形成了融资约束理论。同样，因信息不对称导致的股东与经理人、债权

人与股东、小股东与大股东间的代理问题，使一些对公司而言并非最有利的投资项目被选择，从而产生投资过度或投资不足，出现代理问题和产生代理成本，这就形成了投资的代理理论。另外，早期的投资理论假设投资决策者是完全理性的经济人，他们对预测投资前景和捕获投资机会上有超强的能力。实际上，投资决策者由于能力缺陷和掌握信息的不完全，往往不能正确预期和识别投资机会，从而出现投资不足或盲目投资。鉴于投资机会是客观存在的，不受投资决策的影响，所以，影响投资效率的因素就只有三个：融资成本、项目选择及预期和识别投资机会。

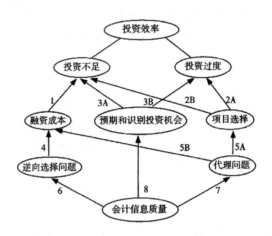

图6-1　会计信息质量与投资效率关系图

1.融资成本对投资效率的影响

公司想要将识别出的投资机会变成投资，首先得为其融资。由于资本市场存在缺陷，特别是信息不对称，使得逆向选择问题时有发生，导致企业外部融资成本高于内部融资成本，部分公司面临融资约束（如图6-1箭头4所示）。大量的研究成果表明，面临融资约束的公司出于较高的融资成本将放弃净现值为正的投资项目，导致投资不足（如图6-1箭头1所示）。

在权益资本市场上，格林沃尔德（Greenwald，1984）、迈尔斯（Myers，1984）和马吉卢夫（Majluf，1984）认为，由于逆向选择问题，企业在权益融资过程中的权益融资成本将高于内部融资成本。具体表现是，由于经理人拥有比外部投资者更多关于企业投资项目的信息，因此，只有当企业的股价被高估时，他们才会发行股票进行融资。这将会导致两种结果：一是即使企业有良好的投资机会但缺乏资金时，经理人也不愿意通过发行股票进行融资；二是当外部投资者意识到这一点时，他们会在购买股票时索要一个更高的风险溢价，以弥补其可能遭受的损失。这两方面的结果都会导致企业因面临融资约束而产生投资不足。

在债务市场上也存在类似问题。贾菲（Jaffee）和罗素（Russell，1976）、斯蒂格利茨（Stiglitz）和魏斯（Weiss，1981）等人认为，在一个贷款人与借款人信息不对称的债务市场中，由于贷款人对借款人的资信状况、投资项目风险不甚了解，因此，其只能按市场平均利率给借款人放贷。这将使低风险项目的借款人被挤出市场，从而导致市场的平均风险增加。这时，贷款人又不得不提高放贷利率，随着放贷利率提高，整个借贷市场逐渐趋于萎缩或瓦解，产生"信贷配给"（credit rationing），也就是说，即使借款人愿意以市场利率对投资项目进行债务融资，也无法筹集其所需的全部资金。

2. 项目选择对投资效率的影响

若股东与债权人、股东与经理人、大股东与小股东存在代理冲突，则难以保证正确的投资项目被实施（如图 6-1 箭头 5A 所示）。斯坦因（Stein, 2003）认为不正确的项目选择会导致公司过度投资（如图 6-1 箭头 2A 所示），但也有文献认为公司也可能会投资不足（如图 6-1 箭头 2B 所示）。

（1）股东与债权人代理问题对投资效率的影响

股东与债权人代理问题最早由詹森（Jensen）和梅克林（Meckling, 1976）提出，主要源于股东与债权人的利益冲突。当企业投资项目成功时，股东得到了除债务本息外的所有收益；但当企业投资项目失败时，股东只承担有限损失（企业的组织形式一般是承担有限责任的公司制），而债权人则承担了项目失败的全部后果。因此，股东有强烈的动机实施高风险的投资项目，并从中获得较多收益，但这却是以债权人的利益损失为代价。债权人在放贷时预期到这一点，便会要求一个较高的回报率，导致企业的债务融资成本明显高于内部融资成本（如图 6-1 箭头 5B 所示）。

迈尔斯（Myers, 1977）以及贝尔科维奇（Berkovitch）和金姆（Kim, 1990）从另外一个角度对债务融资的局限进行了解释，并称之为"债务悬置效应"（debt overhang effect）。他们着重分析了企业在获得债务融资以后的行为。债权人对投资的回报具有优先请求权这一特征使得企业可能会选择那些虽然净现值为正但却不足以支付债务本息的投资项目，因为此时的投资回报将全部归债权人所有。债务悬置效应对企业投资行为的影响可以从两个方面来理解：一方面，由于在选择投资项目时面临的上述限制，所以负债率越高的公司越倾向于投资不足；另一方面，这一效应也可以解释为何许多负债率不高但同时拥有良好投资机会的公司在融资过程中不会首选债务融资。

（2）股东与经理人代理问题对投资效率的影响

在管理者与所有者分离的现代公司组织中，作为管理者的经理人可能从自身利益最大化的动机出发，使其选择的投资项目与股东财富最大化目标并不必然一致，从而产生投资过度或投资不足。经理人的私利动机如下：

第一，建立和维持企业帝国。

由于经理人的薪酬、权利、地位、特权等都与企业规模成正比，因此，经理人有强烈的偏好扩大企业规模，构建自己的企业帝国。唐纳森（Donaldson）和斯通（Stone, 1984）等人的研究表明，在假设经理人能够通过增加资本控制权获得个人收益的条件下，经理人确实有企业帝国建造的倾向，导致过度投资。但斯坦因的研究表明，经理人的这一偏好并不必然导致过度投资，也可能导致投资不足（如图 6-1 箭头 2B 所示）。施莱弗（Shleifer）和维什尼（Vishny, 1989）则从企业帝国的维持角度解释了经理人倾向予投资于那些净现值为负但能增加其自身人力资本价值的项目，因为这样的项目能够提高自己的技能，降低被解职的风险。

第二，维持和提高职业声誉。

经理人出于维持和提高自己职业声誉的考虑，会利用投资提升其在劳动力市场的价值，从而导致其在投资上的短期机会主义行为和羊群行为。纳拉亚南（Narayanan，1985）、贝丘克（Bebchuk）和斯托（Stole，1993）的研究表明，经理人为了维持和提高自己的职业声誉，在进行投资决策时会做出短期对自己有利但有损企业价值的短期机会主义行为。特曼（Tmeman，1986）则从羊群效应的角度，论证了无论是拥有高质量投资机会的企业还是低质量企业为了自己的职业"脸面"，都将过度投资。

第三，享受舒适宁静的生活。

当得不到有效激励时，经理人会倾向于维持一种"宁静的生活"（Quiet Life），从而缺乏改变公司现状的积极性，这种"懒惰"会对投资产生两方面的影响：一是当面临是否关闭现有业绩糟糕的投资项目时，经理人可能嫌麻烦而不愿关闭，导致过度投资；二是当面临是否新上项目决策时这又可能导致投资不足。布鲁姆（Bloom）和雷南（Reenen，2007）以问卷调查的形式进一步验证了这一假说。阿加瓦尔（Aggarwal）和桑威奇（Samwich，2006）也论证了经理人的"懒惰"是投资不足的原因之一。

第四，壕堑效应（entrenchment）。

施莱弗和维什尼的研究表明，经理人出于自身保护的目的，往往会偏好投资于自己比较熟悉但未必会增进股东价值的领域，即产生专用性投资。

这样做的结果表现在两方面：一是这些投资决策一旦做出，替换经理人的代价就比较高昂；二是不具备相关知识的外来人很难了解投资项目的运行情况，致使投资项目运行的透明度下降，接管经理人就变得更加困难。这些专用性投资虽然损害了股东价值，但却巩固了经理人的地位，产生"壕堑效应"。

另外，若预期经理人将浪费资金时，投资者将提高融资成本。这属于投资者与经理人代理问题导致的融资成本的提高影响投资效率的情况（如图6-1箭头5B所示）。总之，经理人和股东之间的代理问题既影响了投资项目的选择，也可能增加融资成本，从而都会降低投资效率。

（3）大股东与小股东代理问题对投资效率的影响

尽管伯乐（Berle）和梅恩斯（Means，1932）认为股权高度分散是现代公司的特征之一，但最近的研究文献表明除美国和英国等少数几个国家外，世界上大部分国家的公司股权不是分散而是相当集中的。特别是在新兴市场中，所有权集中度比成熟市场更高。大股东特别是控股股东的出现给公司治理带来了新的代理问题，即大股东与小股东代理问题。大股东利用自己的控制权，侵害小股东的利益，干预公司的投资项目选择，掠夺企业的投资机会而使企业投资不足，或者迫使企业投资于净现值为负，但却有利于大股东的投资项目而使企业投资过度。在新兴市场上，由于保护小股东的相关制度体系不健全，这类代理问题影响投资效率的程度就显得尤为严重。

下面用一个简单的模型说明大股东与小股东代理问题对投资效率的影响。在进行多投资项目选择时，假设有投资项目 1 和项目 2，预期投入资金都为 I，预期投资项目净收益率分别为 R_1 和 R_2，且 $R_1 > R_2$，大股东（或控股股东）预期从这两个项目获得的控制权收益率分别 R_{c1} 和 R_{c2}，但 $R_{c1} < R_{c2}$，大股东（或控股股东）的持股比例为 k。若从公司的角度考虑，应选择投资项目 1。但当大股东（或控股股东）能够影响投资决策，且下面的等式成立时，公司会选择投资项目 2。

$$K \cdot I \cdot R_2 | I \cdot R_{c2} > k \cdot I \cdot R_1 + I \cdot R_{c1}$$

$$即 R_1 - R_2 < \frac{R_{c2} - R_{c1}}{k}$$

选择投资项目 2 会造成投资效率损失，$\dfrac{R_{c2} - R_{c1}}{k}$ 度量了投资效率损失的大小。

3. 预期和识别投资机会对投资效率的影响

早期的投资理论假设投资决策者是完全理性的经济人，他们对预测投资前景、捕获投资机会、预计投资风险和收益上有着超强的能力，在如此的假设条件下，企业的投资才完全取决于投资机会的多寡。实际上，投资决策者对投资环境的计算能力和认识能力是有限的，不可能无所不知，加上投资决策者掌握和处理信息能力的缺陷，使得他们投资决策能力较差，时常不能正确地预期投资前景和敏锐地识别投资机会，从而导致投资不足（如图 6-1 箭头 3A 所示）或盲目投资（如图 6-1 箭头 3B 所示）。

二、会计信息对投资效率的影响

（一）会计信息对投资效率的影响：解决逆向选择问题

无论在权益资本市场上还是债务市场上，高质量的会计信息都能有效地减少信息不对称，解决逆向选择问题，降低融资成本。特别对于那些受融资约束的公司而言，会计信息能够缓解融资约束，减少投资不足。

1. 会计信息在权益资本市场上的治理作用

第一，在权益资本市场上，高质量的会计信息能够提高公司的透明度、增强权益证券的流动性，缓解逆向选择问题，减少权益融资成本，改进投资不足。高质量的会计信息及信息披露，能够减少投资者与公司之间的信息不对称，增加了企业透明度。迪恩蒙德（Diamond）和维雷奇亚（Verrecchia，1991）认为，增加高质量会计信息的公开披露能够缓解信息不对称，提高股票流动性，吸引投资者对股票的需求，促进股价的提升，降低股票融资成本。

第二，高质量会计信息能够降低权益投资者估计权益证券预期收益的风险水平，使得其索要的回报率降低，从而降低了权益融资成本。高质量的会计信息向投资者传递了公司真实的经营情况，减少了公司经营的不确定性，降低了投资者的主观预测风险，从而减少了投资者要求的回报率，降低了外部融资成本。

第三，高质量会计信息能够降低权益投资者的信息风险，减少逆向选择问题，缓解融资约束。会计信息作为投资决策最重要、最可靠的信息来源，既能够增强权益投资者获取信息的容量和能力，也能够甄别其他信息的真实性，保证交易信息的安全。在规章制度不健全的新兴资本市场（或信息披露环境较差的权益市场）中，会计信息相比其他来源的信息而言，无论从量还是从质上，都显得尤为重要。另外，斯图本（Stubben，2010）认为，对于那些信息披露质量不高的小公司，会计信息可能是唯一可以"信赖"的信息源。

2. 会计信息在债务市场上的治理作用

会计信息对于债权人评价公司资信状况，缓解借贷双方信息不对称，解决债务市场上的逆向选择问题，降低企业融资成本等问题都发挥着重要作用。特别对于那些受融资约束的公司而言，高质量的会计信息能够缓解或消除融资约束，减少投资不足。债务融资成本从广义的角度分有两种类型：显性成本和隐性成本。显性成本指偿付的利息和交易费用，隐性成本指债权人因信息不对称索要的风险溢价。借贷双方信息不对称越严重，隐性成本就越高。

会计信息的披露作为提高融资公司透明度、缓解借贷双方信息不对称的重要机制，随着其质量的不断提高，对于缓解或消除融资约束、提高投资效率发挥着举足轻重的作用。森古普塔（Sengupta，1998）以美国上市公司为样本，从实证的角度证实了会计信息（披露）质量与债务融资成本间的负相关关系。这些证据反映出会计信息质量会影响融资成本，从而最终会影响投资效率。

（二）会计信息对投资效率的影响：治理代理问题

高质量的会计信息能够监督和约束公司经理人的私利行为，减少其偏离所有者目标的"意愿"，减少代理问题，抑制投资过度。

1. 会计信息的监督和激励作用

会计信息是股东监督经理人的重要信息来源，是债权人监控借款人必不可少的依据，也是监管机构监管股票市场，特别是监管大股东行为、保护中小投资者的重要信息。因此，如果会计信息减少了代理问题，它将有助于提高股东监督经理人、债权人监控经理人及中小股东监督大股东的能力，从而能够增进项目选择的效率和效果（或降低融资成本），提高投资效率。

另外，会计信息常被用来作为薪酬契约的衡量标准和基础，高质量的会计信息能够有效地激励公司经理人选择的"合规"投资项目，减少其偏离所有者目标的"意愿"，减少代理问题，抑制投资过度。

2. 会计信息的契约完善作用

依据契约理论，企业的本质是一个"契约联合体"，也就是说，企业是利益相关者的显性契约与隐性契约的复合体。由于未来的不确定性和缔约人的有限理性、信息的非对称、（缔约）成本限制以及第三方难以证实性，现实中的契约无法准确描述与交易有关的所有未来可能出现的状态以及每种状态下的缔约各方的权利和责任，使契约成为留有"漏洞"的不完备契约。会计信息特别是高质量会计信息的存在，能够减轻债权人与公司的债务契约、股东与经理人的薪酬契约及大股东与中小股东的各种隐性契约的不完备程度，使契约的缔结和执行成本更小，更能够约束契约缔结方的投资行为，从而达到缓解代理问题、提高投资效率的目的。

3. 会计信息的控制权优化作用

企业控制权的归属决定了企业的投资政策和投资方向，而企业控制权的确定与会计信息有着紧密的联系。会计信息影响着控制权在各个区间的配置边界，是利益相关者进行谈判和均衡利益的基础。会计信息质量越高越能清晰地界定控制权的边界，使剩余索取权和控制权相匹配。当高质量会计信息发生变动时，预期自身产权权益将遭受损害的利益相关者就会联合起来，通过内部机制（如内部谈判、罢工等）或外部机制（如经理人市场、并购市场等），相机取得公司控制权，控制公司的投资决策权，防止通过投资方式来侵占其利益。迪安杰洛（DeAngelo，1998）也发现会计信息在代理权争夺中起到的重要作用。由此可见，会计信息能够优化公司控制权的配置，均衡利益相关者的利益，降低代理成本，规范投资行为，提高投资效率。

（三）会计信息对投资效率的影响：增强投资决策能力

对投资机会的识别和对投资风险的估计是投资决策的关键，但是，由于投资决策者对投资环境的计算能力和认知能力是有限的，加之获取和处理信息能力的缺陷，使得他们的投资决策能力较差，往往不能够敏锐地识别投资机会和可靠地估计投资风险，导致盲目投资和投资不足。会计信息作为投资决策必不可少的信息来源，能够提供与投资项目预期前景、成长性、预计现金流量及波动等相关信息，对于识别投资机会和估计投资风险，起着其他信息源不可替代的作用。因此，高质量的会计信息有助于提高投资决策者预期和识别投资机会的能力，从而能够抑制盲目投资和减少投资不足，提高投资效率。

麦克尼科洛（McNicholo）和斯图本（2008）的研究表明，高效的投资决策依赖于对未来投资收益的精准预期，而对项目的成长性和项目产品需求的估计又决定着对投资收益的预期，也就是说，高质量的会计信息既有助于投资决策者对未来形成更精准的预期，也有助于识别更好的投资机会，因此，即使没有逆向选择问题和代理问题，会计信息也有助于提高投资效率。

第三节　内部控制对会计信息质量影响

内部控制对会计信息质量起到制约、辅助的作用，其所具有的特质功能为会计信息质量提供了保障。内部控制的制约作用具体体现在两方面，第一，内部控制通过对会计记录进行分析总结能及时有效地发现其存在的质量问题。第二，内部控制对会计信息质量的监管是在满足合理合法的条件下进行的。这就使得会计核算过程在监督下完成，同时也将会计信息结果及时地反馈给使用者。内部控制对会计信息质量的辅助作用具体体现在：内部控制致力于形成良好的控制环境，为会计信息质量的发展提供相对稳定的内部控制环境。内控环境、内部控制、会计信息质量三者间为顺承关系，内控环境影响内部控制的有效性；内部控制影响财务报告的目标性和方向性；这就对会计信息质量造成影响。内部控制和会计制度是会计信息质量的考核标准，同时也是对会计信息质量的保障，而会计信息质量则是以文字形式对内部控制成效的书面反馈。

一、企业内部控制环境要素对会计信息质量现状的原因分析

（一）公司治理结构不完善影响会计信息质量

1. 国有股股权主体缺位

国内很多国企的改革，使得当前许多上市公司的股权结构主要以国有股为主。对国有资产的管理，其所有者表现为国家。但我国缺乏真正能保持和提高国有资产价值的专职部门，一旦企业涉及利益问题时，行政主管部门、地方政府和原国有资产管理局等机构都自称是国有股份的代表，但要对国有企业监督和决议时，又没有机构出面，这就出现了国有资产的所有者缺位，即国有股股权主体缺位。

这种国有股股权主体的缺位现象很容易导致企业缺乏对经营者的监督，企业利润效率不高，使得公司所有者对其缺乏真正意义的监督和约束作用，造成国有股股权主体实质上"虚置"问题，进而弱化了股东对经理人的约束，形成"内部人控制"现象，即经营者实际控制着企业。由于企业的经营管理者掌握着企业的会计信息系统，他们为了一己私利，可能对会计信息资料进行操纵，形成虚假的会计信息，欺骗会计信息使用者。

2. 股权过于集中

我国很多企业股权结构不够合理，过于集中。我国这种不合理的股权结构主要体现在国有企业国有股所占比例过高，个人股所占比例过低；在民营性质的企业或上市公司中，股权主要掌握在企业创始人等少数人手中，"一股独大"的现象非常严重，他们实际控制着企业。股权过于集中，可能会降低会计信息质量，具体体现在公司的控股母公司对其会计信息的操纵，控股母公司有权对会计政策进行选择，这很容易使其对上市公司的利润进行操纵，具体表现为公司的大股东占用上市公司的资金、担保和互保等。比如，一个经典的案例就是"ST 猴王"，一个良好的上市公司就是由于这个原因而濒临破产的。在会计信息披露之前，投资者不知道公司出现问题；等到信息披露之后，才知道公司存在财务欺诈，但是要想更正，却为时已晚。可见，股权过于集中的企业不利于会计信息质量的提高。

3. "内部人控制"现象严重

"内部人控制"是指由于两权分离（经营者和所有者的不同利益）所导致的经营者实际控制着公司的现象。在我国许多企业中，虽然设置了董事会、监事会，但董事、监事基本上是形同虚设，好多企业董事会独立性不高，对管理层的监督约束不够。董事会实质上掌握在公司内部人手中。这使它在企业中成为一个不起什么作用的机构，不能代表自己的独立意见，管理者实际控制着公司的运作，掌握着企业的会计信息系统。当其利益与集体利益不一致时，管理者可能会为了维护个人利益或其小众利益而破坏集体利益，对会计资料进行伪造、篡改、美化财务报表，以掩饰其不合法利益的存在。

（二）内部机构设置与权责分配不合理降低会计信息质量

目前，企业内部机制不科学，权利和责任分配不合理也会对会计信息质量产生一定影响。集权或分权把握不当以及企业组织层次过多不利于会计信息的流通。在一些过度集中管理的企业中，由于企业功能的失衡分布，较低层的人员只能被动地接受上级命令，而不是根据市场的具体情况发挥其作用。体现在财务上就是：管理层领导为了一己私利而指使下级会计人员修饰会计信息，同时下级会计人员为了保住饭碗而被动地接受命令伪造会计信息。在一些管理过度分权的企业，下层滥用权力，处于失控状态。反映在财务上就是：企业管理过度分权，下级会计人员权力过大，他们可能会为了个人利益，在不经过上级批准的情况下私自对会计信息进行操纵，导致会计信息质量低下。

有些企业机构设置层次过多，上下沟通渠道不畅。其对会计信息的影响主要体现在：

1. 由于企业任何一个等级层次上的管理者都可能会为了利益去伪造会计信息，这样下去会计信息流通速度就会变慢，失真现象的可能性就会加大。

2. 由于组织机构臃肿，管理层次多，会计舞弊被发现的可能性就越低，再加上其造假的成本较低，这就使得企业很容易发生会计信息失真现象。

权责分配不当也会降低会计信息质量。比如，一些企业在权责分配的严格规定上缺乏书面说明，致使企业内部上下管理失衡，容易使会计人员不严格规范自己的本职工作，对信息产生的过程不够重视，容易导致会计工作出错，酿成不可挽回的后果。还有一些岗位没有做到不相容岗位的分离，使得许多会计职务交叉，会计工作质量难以得到保证。

（三）内部审计机构监督不力不利于会计信息质量的提高

内部审计的有效性与人员的资格权限和资源利用紧密相关，其职能是为了防止财务舞弊。但是目前我国很多企业未能做到这一点，其内部审计作用没有有效发挥，不能对会计信息起到监督作用，具体有以下两个方面表现：

1. 一些公司领导不够重视内部审计或思想存在误区，不设置内部审计机构，从而导致内部审计缺乏，难以对财务报表起到监督作用，使得财务舞弊现象频发。

2. 有些公司虽设立内审部门，但其专业人员普遍缺乏，不能正确判断会计信息的相关性与可靠性，其评价监督作用形同虚设；或内审部门实际上与财务部门重合，内审部门名存实亡，不能对企业的控制活动起到评价作用。这两种原因都可能导致会计信息质量低下。在"五粮液集团"财务造假案中，内部审计部门对于主营业务收入 10 亿元的差错没有及时更正，对对外投资损失没有及时披露的行为毫无察觉。这表明公司的内控设计存在缺陷，而对其负有监督责任的内部审计部门却毫无察觉，由此可知该公司会计信息质量低下的原因之一就是内部审计监督不力。

（四）不科学的人力资源政策催生会计信息失真

现代企业制度中，企业的发展离不开人的"软控制"作用，人才素质的高低会影响财务人员的行为能力，容易导致会计信息失真。人才素质的低下可以归结为人力资源管理的不完善、不够科学。反映到财务管理者及其会计人员上，具体体现在以下两方面：

第一，管理人员任命的行政干预，会使得人力资源市场缺乏外部竞争机制。管理者的自我激励和压力相对较小，专享权利而不承担责任，导致管理当局整体素质偏低，缺乏法制观念和道德理念，这样就为其贪污公款、伪造会计报表提供了方便。

第二，财务人员的薪酬、考核、晋升与奖惩制度不完善，会滋生会计造假的氛围。企业会计员工如果经常在薪酬、晋升等方面感觉低于自己的付出时，就会产生职业倦怠，没有进取心和责任感，从而竞争意识薄弱，这样就容易在日常的会计工作中频繁出错，最终导致会计信息严重失真。还有会计人员可能不满足自己当前的薪酬所得，会为了追求高利润而进行会计造假，影响信息质量。这说明，企业应当优化人力资源政策，完善企业关于财务人员的薪酬、考核、晋升与奖惩制度，提高员工的职业道德素质，增强工作责任心。

（五）企业文化建设不到位滋生会计信息失真氛围

在目前的企业管理中，虽然很多企业积极塑造优秀的企业文化，但是，在塑造过程中出现了认识上的一些误区，影响到会计信息质量的发展，从而对会计信息使用者的经济决策产生了误导。原因主要体现在以下两点：

第一，企业文化建设只注重形式，脱离了企业的经营管理。一些企业在建设企业文化时，不注重企业文化的内涵，只是做一些美化公司环境、在走廊上贴一些措辞有力的口号等表面功夫，这种理解只是建设企业文化过程中微小的一部分；甚至还有些企业领导片面地认为，企业文化与企业管理关系不大，仅是一味地塑造企业精神，其实这种理解也是不全面的。因为企业管理者在管理企业时，会遵循一定的道德标准、学习一些管理哲学思想，这些标准和思想均归属于企业文化，这就说明企业文化和企业管理是紧密相连，不可分割的。

第二，还有人认为领导倡导的文化就是"企业文化"。有些企业领导以"利润文化"作为企业的文化，一切向利润看齐，缺乏诚信，授意会计人员做假账，不管他们所倡导的理念、精神、价值观等文化因素，员工对于文化没有自主选择权。这种管理风格将严重影响企业的健康发展，将不能对企业员工起到良好的导向作用。

这种对企业文化的错误理解会严重影响会计信息质量。管理人员对企业文化的错误认识，不会创造一个良好的企业文化氛围，他们往往不注重提升自己的综合素质，致使企业呈现一种不健康的状态。投射到企业财务方面，就会使企业上下级之间沟通不到位，信息反馈渠道不畅，容易造成会计人员对上级人员的误解，进而出现会计信息舞弊。一味以"利润文化"作为企业文化的企业，财务人员可能会形成一种只向利润看齐的思想，在这种思想的控制下，会使其丧失诚信意识，从而表现在会计报表中。

（六）法制教育的缺失导致会计信息质量的低下

良好的法制教育是企业持续健康发展的重要保证，但目前许多企业对法制教育不够重视，缺乏正规化与标准化，教育内容缺乏多样性与实践性，教育者素质偏低。主要反映在：（1）思想认识有偏差，经常性教育不足。有些企业对于法制教育工作具有错误认识，认为对员工进行严格管理就能够做到不出错，还有些企业认为基层视察只是走马观花，不善于认识法制教育中出现的深层次问题；（2）企业管理者和员工的学历比较低，法律知识比较匮乏，使得法制教育备课难度加大；（3）企业的教育形式比较传统单一，缺乏多样性和创新性。这些企业对法律教育的缺陷，将影响企业内部控制环境建设。从财务会计角度来讲也会使得会计信息质量低下。

法制教育的缺乏对会计信息质量的影响有以下表现，很多企业管理者缺乏足够的法律意识和法制观念，为了突出企业业绩或满足个人利益，对会计人员进行"利润文化"的灌输，不顾国家的法律威严，指使会计人员进行财务作假，粉饰财务报表，用虚假的业绩来占领市场，吸引投资者；同时，企业会计人员为了达到某种私人目的，经常违反法律法规去粉饰会计报表。

二、完善内部控制，提高会计信息质量的针对性意见

（一）构建稳定的内部控制环境

内部控制在企业管理者的认同下才能更好地将内部控制和运营管理有机结合在一起，从而形成良好的内部控制环境，进而有效地杜绝滥用职权、徇私舞弊现象的发生。企业管理者对内部控制的认识度不是很高，内部控制在企业中所占的地位较低，企业的内部控制环境没有得到有效的治理和维护。

当下大多数企业的所有权和经营权处于分离的状态，加之企业内部的组织结构缺乏合理性调整，无形中加剧了内部控制环境中的权力矛盾，权力分散削弱了内部审计的核心力量，将内部审计发展与企业生产经营发展进行拆分，内部控制功能受限，不能发挥其职能作用，内部控制体系被间接分解。虽然我国《会计法》规定，企业管理层要相应承担《会计法》的法律责任，但由于责任制度没有落实到个人，为其逃避法律追究提供了可能。

因此完善内部控制规定，明令企业落实责任制，要求企业共同执行内部控制要求，从根本上推动中国企业内部控制机制的发展，促进良好的内控环境形成，就变得尤为重要。

（二）完善内部控制风险评估体系

在市场竞争激烈的当下，加快企业市场占有率势在必行，同时企业的内部控制风险评估机制同样要跟上发展的脚步，建立科学完善的内部控制评价指标体系成为提高会计信息质量的途径之一，能有效地杜绝会计失真和账目虚假的问题。风险评估体系的完善能及时预警可能存在的财务风险，对影响财务状况的风险指标进行分析评估，通过内部控制的有效手段规避财务风险。

现代企业财务风险具体分为已知风险、可预知风险、不可预知风险三类。如何发现潜在风险并进行预警，如何针对可能发生的风险做出相应预案，如何在财务风险发生时进行风险嫁接合理规避风险，是企业必须要考虑的。企业要形成风险防范意识，在风险评估体系上投入人力物力，对发生的商业风险案例进行总结，将经验应用于现有的财务风险体系并作用于企业的生产经营中。

（三）形成科学系统的内部会计控制体系

为了完善控制活动，实现控制结果的预期，采用职责划分、实物控制、业绩评价等作为控制风险活动中必不可少的辅助手段，能够极大地避免会计信息失真、财务信息作假现象的发生。为完善控制活动，形成科学系统的内部会计体系，企业内部要落实个人责任制，在职责划分的问题上做到分工明确，促进形成各部门、各岗位相互沟通合作，相互制约，各司其职的良好局面。在满足内部会计控制规范的前提下，授权批准控制及不相容职务分离的措施。以"内部牵制"作为不相容职务分离的提出依据，单位在设计、建立内控制度时，首先应确定哪些岗位是不相容的；其次是明确规定各个机构和岗位的职责权限，使不相容岗位和职务之间能够相互监督，相互制约，形成有效的制衡机制。对于授权批准控制的措施，企业应明确办理从而极大地杜绝滥用职权、徇私舞弊现象的发生；满足各部门之间相互控制的要求，建立部门上下级之间彼此监督、互相牵制的科学系统的内部控制体系。

（四）升级改良现有的信息沟通系统

企业的信息沟通系统对于企业的正常运营工作起到统筹全局的作用，企业的内部控制效果信息与沟通可以称为整个内部控制的生命线。企业的信息沟通系统作为企业管理者和员工间的中间载体，发挥着重要的作用。对于管理者而言，企业的信息沟通系统有利于及时传达上层决策；对于员工而言，企业的信息沟通是员工向领导反馈企业运行过程中存在问题的有效途径，有助于企业的管理者及时发现问题并提出解决办法，保障企业的正常运营。同时信息沟通的时效性和准确性为管理层在重大生产经营决策问题上提供了参考依据，在一定程度上避免了决策上的失误。高效率的信息沟通系统有助于企业所有者及时了解掌握企业阶段性的运营状况，提供准确真实权威的会计信息。另外，企业自身可以丰富现有的沟通方式，拓宽沟通渠道，实现信息沟通传输的多样化，保证信息的有效传达，使得企业把握市场走向，及时调整产业结构，满足市场需求，实现利润最大化的目标。企业的信息沟通是控制执行效果中不可或缺的重要环节。

（五）健全现有的监控体系

随着经济的发展，企业间的市场竞争愈演愈烈，拓展市场，提高市场占有率，成为企业发展的主要目标。企业侧重经济利益的增长，对可能存在的市场风险和财务风险如果没有足够的重视，就会为企业发展埋下安全隐患。健全当下监控体系主要从两个方面入手：第一，充分调动企业监事会的工作职能。企业对财务信息的监控是以监事会和内部审计监控为主的监控体系。监事会通过对企业的业务、财务和其他会计的监控资料，并将内部审查结果及时反馈给股东大会，制止损害公司利益的行为发生。监事会对企业内部的财务薄弱环节较为了解，能钉对可能出现的财务风险对症下药。因此，相对健全的监事会不仅能极大地减少管理当局的会计失真和账目作假现象，而且能与企业内部的风险防御机制进行互补，保证企业的财务安全，提高资金利用率。第二，企业要发挥内部审计部门的重要作用。内部审计部门的职责是在所有权和经营权分离的背景下，辅助企业董事会对管理层的任务履行情况和工作进度进行报告和反馈，督促企业管理层履行责任并对其进行监督和制约，防止滥用、背离公司盈利目标的不良事件的发生。因此重视企业内部审计机制的发展和应用，保证内部审计的独立性和权威性，从而实现审计结果立足于可靠真实的企业财务资料，督促企业资产运用率的提高。企业监事会和内部审计的发展促进了会计信息质量的提高，提高了经营效率，有助于提高会计信息质量。

第四节　我国的会计信息质量要求

20世纪90年代以前，我国会计界并没有将会计信息质量特征作为专门的研究对象来研究，只是在有关的会计制度中，对编制财务会计报表规定了基本要求：数字真实，即必须以账户记录为依据；内容可靠，即不得臆造数据；项目齐全，即所有报表项目均需要列完整；编报及时，即月报、季报与年报必须在规定期限内报出，不得延误。

在我国，与会计信息质量特征类似的概念是会计原则。

1992年我国颁布的《企业会计准则》中，并没有明确提出"会计信息质量特征"等名词，但是规定了12条会计核算原则，其中有7条是针对财务报表所提供的会计信息提出的质量要求，即：可靠性、相关性、可比性、一致性、及时性、明晰性和重要性。其中虽未明确提出会计目标和信息质量特征的说法，但通过对其具体内容的分析，也不难发现与会计目标和信息质量特征相似的内容。如图6-2所示。

会计目标	会计信息质量特征
会计信息应当符合国家宏观经济的要求，满足有关各方面了解企业财务状况和经营成果的需要，满足企业加强内部经济管理的需要	可靠性、相关性
	可比性、一致性
	及时性、可理解性
	谨慎性、完整性
	重要性

图 6-2　会计目标及信息质量特征

具体会计准则实施以后，对会计信息的要求又有所增加，在 2001 年开始实施的《企业会计制度》中又新增一条"实质重于形式原则"。从表述上看，这些会计原则都是针对企业会计核算提出的一般要求，实质上也是对会计报表质量的要求。

真正体现我国会计信息质量特征的是财政部 2006 年颁布的《企业会计准则 —— 基本准则》，对以前的基本准则进行了修订后，在新的基本准则中取消了会计原则的提法。其中的第二章《会计信息质量要求》中规定了如下八条具体要求：

（1）可靠性：企业应当以实际发生的交易或者事项为依据进行会计确认、计量和报告，如实反映符合确认和计量要求的各项会计要素及其他相关信息，保证会计信息真实可靠、内容完整。

（2）相关性：企业提供的会计信息应当与财务会计报告使用者的经济决策需要相关，有助于财务会计报告使用者对企业过去、现在或者未来的情况做出评价或者预测。

（3）可理解性：企业提供的会计信息应当清晰明了，便于财务会计报告使用者理解和使用。

（4）可比性：企业提供的会计信息应当具有可比性，包括一致性。同一企业不同时期发生的相同或者相似的交易或者事项，应当采用一致的会计政策，不得随意变更。确需变更的，应当在附注中说明。不同企业发生的相同或者相似的交易或者事项，应当采用规定的会计政策，确保会计信息口径一致、相互可比。

（5）实质重于形式：企业应当按照交易或者事项的经济实质进行会计确认、计量和报告，不应仅以交易或者事项的法律形式为依据。

（6）重要性：企业提供的会计信息应当反映与企业财务状况、经营成果和现金流量等有关的所有重要交易或者事项。

（7）谨慎性：企业对交易或者事项进行会计确认、计量和报告应当保持应有的谨慎，不应高估资产或者收益、低估负债或者费用。

（8）及时性：企业对于已经发生的交易或者事项，应当及时进行会计确认、计量和报告，不得提前或者延后。

从这些要求或原则的内容上看，与国外的会计信息质量特征有很多相似之处，实质上就是我国的会计信息质量特征。只是与国外相比，没有划分层次，没有指出哪些是主要质量要求，哪些是次要质量要求，内涵不深刻，这就在一定程度上影响了会计信息的决策有用性。形成这一局面的原因主要是我国目前市场经济相对落后，资本市场不太发达，会计理论研究缺乏深度，以及会计信息使用者对信息质量要求不高。

在以后的一段时间内，我国应借鉴美国等发达国家思路，在构建我国会计信息质量特征时以会计目标的实现为最终目的，以会计实践的可操作性为约束条件。我国会计信息的质量特征主要是公允性和可靠性，其中，公允性包括真实性和中立性，可靠性包括如实反映和可验证性。此外，可比性和及时性应作为理解信息和使用信息的次要特征。

公允性就是要求财务报表提供的信息能公平、公允地反映委托、受托双方的经济利益关系。在我国，会计信息还被认为具有利益协调或参与分配的作用。公允性是利益协调和分配所必须持有的基本立场；真实性要求财务报表信息真实地反映企业的经济状况。针对我国目前会计信息失真严重的实际情况，强调真实性，有利于维护委托方与受托方的经济利益，特别是有利于维护国家这一委托人的经济利益。如果物价变动剧烈，对经济活动造成较大影响，真实性还要求采用适当的物价变动会计模式，来消除财务报表信息的非真实性。中立性，就是不偏不倚地要求财务报表的提供者在具体加工、生成财务报表信息的过程中，不应偏袒任何一方的利益。财务报告的目的是为具有多种不同利益的信息使用者服务，没有一个预定的结果能符合所有使用者的所有利益，尽管会计人员提供信息时不可避免地会受到一些人为的干扰，但中立性要求企业决不能根据某一个或一类使用者的利益，预先确定所期望的结果，再去选择信息来得到结果。

我国现阶段的会计信息在相关性和可靠性方面还存在着很多问题。从目前我国法律法规的角度看，我国会计信息的相关性和可靠性是兼顾的。新会计准则对信息有用性有着较为明确的要求："企业应当编制财务会计报告（又称财务报告）。财务会计报告的目标是向财务会计报告使用者提供与企业财务状况、经营成果和现金流量等有关的会计信息，反映企业管理层受托责任履行情况，有助于财务会计报告使用者做出经济决策。"

但是，在我国企业经济决策不是主要依据会计信息的情况下，或者说信息使用者对会计信息的相关性要求并不很高时，会计信息的可靠性问题尤为突出。我国会计信息的可靠性一直是衡量会计信息质量的最重要标准，而多年来的会计信息失真问题总是困扰着各方面的信息使用者，与美国在信息可靠性问题大体已获得解决前提下更关注相关性有很大不同。因此，目前我国应主要强调会计信息的可靠性，在可靠的基础上再讨论相关性。随着我国资本市场的不断完善，会计改革及其国际趋同的不断加快以及信息使用者对会计信息理解能力的增强，我国会计信息的质量特征会日趋完善。

第七章
大数据时代预算及其管理问题

本章将阐述预算及其管理的基本模式、预算及其管理的作用、预算和预算管理模式的分类、预算编制程序模式等基本原理,对国内外预算管理的研究现状、实施现状和主要研究问题和成果,并对有关问题进行更为深入的研究。全面预算与综合经营计划有相同之处和不同之处。将本土的综合计划与引进的全面预算相结合,再增加和调整有关内容,形成全新的"全面计划"管理体系。包括全面预算在内的综合经营计划控制属于综合价值标准控制。超越预算模式是市场价值标准与社会价值标准相结合的控制模式。预算编制的起点是与不同时期战略控制层次相联系的经营目标。确定全面预算编制起点的经营目标,要遵循九项基本项原则。全面预算管理方法与超越预算管理方法可以结合运用。

第一节　预算及其管理的基本原理

一、预算和预算管理的概念

预算是企业单位战略的组成部分,是战略计划的具体化表现,战略计划反映了一定组织和一定时期战略的具体安排,包括定量和定性两个方面的内容。预算是以战略为导向,基于预测和决策活动,按专门的方法和程序,确定实现决策目标的未来一定时期的以财务指标和非财务指标表示的定量性计划。

从以战略为导向上看,预算的确定要以所制定的战略为依据。任何企业单位在预算的确定过程中都不会或不应该脱离战略。只有当预算与战略紧密联系时，才能最大限度地发挥预算的作用。企业战略通常按公司的经营管理层次分为总公司层的总体战略、经营单位层的经营战略和职能层的职能战略三个层次战略，也有公司将总体战略与经营单位战略合并为一个层次的经营战略。企业长期预算（如资本预算）要与总体战略和经营战略相联系，而短期预算则要以职能战略为基础制定。（1）企业总体战略一般包括发展战略、稳定性战略和撤退性战略三大部分，其中，发展战略包括集中战略、一体化战略和多元化战略等；稳定性战略包括无变化、维持利润、暂停和慎重等维持性战略；撤退性战略，也称为紧缩型战略，包括转变、放弃和清算战略等。（2）经营战略是总体战略的具体化，一般包括基本竞争战略和业务投资战略，其中，基本竞争战略包括成本领先战略、差别化战略和市场集中化战略等。（3）职能战略是经营战略的具体化，是企业各个职能部门的短期战略，如材料采购、市场营销、研究与开发、人力资源、生产和财务等战略。短期预算的确定通常是以职能战略为直接依据的。三个层次的战略是由粗略到细化变化的。总体战略和经营战略通常由企业高层管理者提出，如董事会根据基本竞争战略提出下年度利润增长的经营战略要求，企业在确定预算时就要根据这一要求进行。尼利（Neely，2001）等认为，传统预算与战略基本上没有联系，管理的注意力多集中在短期经营细节，而不是关注长期战略执行情况，经调查显示有 60% 的组织没有将战略与预算联系起来。

预算的确定要通过预测和决策两个基本活动环节。预测是指运用适当的科学方法和技巧，根据有关的历史资料、现实状况和未来状况的新资料，对研究对象的未来状况和发展趋势所进行的预先估计、推测的过程。按预测的时间分为长期、中期和短期预测。通常长期预测是指预测期在五年以上的预测；中期预测是指预测期在一年以上、五年以下的预测；短期预测是指预测期在一年以下的预测。也有观点认为长期预测是指两年以上的预测，中期预测是指三个月至两年的预测，短期预测是指三个月以下的预测。在按时间划分预测时，也可将预测分为短期预测（一年以内）和长期预测（一年以上）两类。具体到企业，预测期就根据企业的具体情况而定。按预测的内容划分，预测可分为销售、目标利润、成本和综合预测。按预测的方法可分为定性预测、定量预测和综合预测。

决策是指为达到预定的目标（如达到利润增长的目标），在若干个可供选择的可行性方案中选择最优方案的过程。按决策时间的长短，决策可分短期经营决策和长期决策。短期经营决策一般只涉及一年以内的经营活动，如生产和销售决策等；长期决策指决策期超过一年的决策，如固定资产更新改造和新产品试制开发等决策。决策的程序有确定预测和决策目标、收集资料、估计和推测、得出预测结果、形成多个可行的备选方案，比较分析和评价可行方案，选择确定最优方案。查尔斯·T. 霍格伦（Charles T. Horngren）、斯里考特 M. 达塔尔（Srikaut M. Datar，2010）等将编制预算前的预测和决策过程分为确定问题与不确定性、获取信息、预测未来、选择方案做决策、实施决策、评价业绩与学习。在我国有关预算管理的教学、研究和实务中，普遍不够重视将战略、预测和决策环节与预算相衔接的过程，战略、预测和决策与预算各自独立，存在脱节的问题，甚至产生了有关预算编制起点的不同认识和争议。在预算起点的认识上，有观点认为不是销售，而是利润。笔者认为，利润目标在战略制定环节已提出，再通过预测和决策予以确定，然后根据市场信息和其他相关信息，如价格信息，从销售价格和数量上预计销售收入，开始确定预算的工作。从这个意义上说，具体预算编制的起点是销售收入；从整个体系上看，预算确定的起点可以说是战略，如战略利润目标。

预算管理是企业管理的组成部分，也是战略管理的定量管理部分。预算管理，也称为预算控制，是通过预算的编制，以所编制的预算为管理的依据进行预算的执行、控制、业绩衡量、纠偏和调整，对企业经营进行管理或控制的活动。预算管理是对企业材料采购、市场营销、研究与开发、人力资源、生产和财务等的数量方面内容进行的以预算为手段的管理，也是以战略为基础，以所确定长期预算和短期预算为依据进行的管理，从而保证企业战略的实现。预算管理涉及事前、事中和事后管理的内容，共同构成了完整的控制体系。预算的事前、事中和事后管理也可以说是前馈控制、同期控制和反馈控制。预算的前馈控制（feedforward control）是根据内外部有关信息，在预算发生之前就确定的有关数量发生范围和方向，对预算管理系统的预算值进行的控制。预算的同期控制（concurrent control）是在一定时期内预算执行过程中的控制。在预算的同期控制中要求管理者及时了解实际发生的与相应的预算额之间的偏差并迅速处理偏差，观察和监督执行预算人员的实际工作并及时对发生的问题进行调整处理。预算的反馈控制（feedback control）是对一定时期预算执行后的结果进行的控制。在预算的反馈控制中，管理者可获得预算执行结果的信息、与预算相比较的一定时期的差异（如一个月的差异），并将差异传送到预算管理的组织部门处理，根据差异采取适当的措施对预算进行维持和修改以及纠正预算执行工作的不当、对预算松弛情况进行调整处理和对执行预算的员工进行必要的奖惩，以充分调动员工执行预算的积极性。这三个方面的控制共同构成了一个完整的预算复合控制系统，预算的前馈控制与反馈控制的区别还表现在前馈控制是由因推定未来一定时期的果，要在控制可能产生预算差异原因的基础上确定预算；而反馈控制是由一定时期的果来查处因，要根据一定时期预算执行的实际结果来查明造成预算差异的原因和采取措施进行控制；而预算的同期控制则是在一定时期内随时进行的由果来查处因的过程。

二、预算及其管理的作用

关于预算及其管理的作用，包括以下几个方面：（1）预算可将企业战略数量化和具体化。通过预算的编制，可以将企业的总体战略、经营战略和职能战略通过数量予以具体化，便于管理者执行和控制，企业的战略应该尽可能定量化。（2）明确目标。以预算作为经营管理目标有利于明确企业各部门和环节的具体任务，以便有关部门和环节按目标的要求采取有关措施进行预算的控制，从而争取达到目标的要求。（3）有利于控制经营活动。预算既是一种目标，也是一种控制的标准。这种标准是衡量预算执行工作业绩的重要尺度。在预算实际执行过程中，管理者通过实际经营活动的具体数量与预算进行对比，可以揭示存在的差异，从而分析造成差异的原因，以便采取有效的措施进行纠偏和调整，保证战略的顺利实施。（4）便于业绩衡量、评价。企业将预算分解落实到一定的责任主体，根据预算对经营各环节和各部门责任主体的业绩进行计量、评价和考查，提高员工完成预算的积极性，激励员工为实现目标去努力工作，不断提高有关主体预算执行的水平。（5）资源的有效配置。预算反映了企业为实现战略将要投入和耗费的各种资源，如材料采购、市场营销、研究与开发、人力资源、生产等方面的资源运用，预算的确定为合理和优化配置企业的各项资源提供了重要依据。（6）企业内部各部门和环节的协调配合。预算一般是根据企业内部各部门和环节的未来一定时期的经营情况确定的，是各部门和环节、财务和非财务内容的综合。在预算的确定过程和执行过程中，要协调各有关部门和环节的工作，就要做好综合平衡工作，协调各有关方面的利益，使各有关方面的工作相互配合，从而保证预算的顺利执行和有效控制。

三、预算的划分

预算可以按多种不同的标准分类。

（一）长期预算与短期预算

按预算的时间跨度划分为长期预算和短期预算，要根据企业的具体情况而定，不能一概而论。一般来说，对于经营比较稳定，节奏变化不是很快的组织，长期预算是指预算期在一年以上的预算，是长期战略计划的组成部分，如资本预算；短期预算是指预算期在一年以内的预算，是短期经营计划的组成部分。对有的组织来说，也可将预算期在一年至五年期的预算称为中期预算，超过五年期的预算称为长期预算。在经营节奏较快的组织内，一年期的预算也可以是长期预算，季度预算是中期预算，月度预算是短期预算。

（二）战略预算、战术和作业预算

战略预算、战术和作业预算是从预算所涉及的组织管理者层次、时间和活动范围划分的。战略预算是由高层管理者负责对长期的、整个组织活动范围所做的总体、长远和根本性的定量安排。卡普兰（Kaplan）和诺顿（Norton，1992）认为以平衡计分卡为基础编制的预算具有战略功能。战术预算是由组织中层管理者负责对较短时期的、阶段性和局部性的活动范围所作的数量安排，如生产部门预算。作业预算是由基层管理者和具体的从事某项工作的人员负责对短期的（如月度、周和日）、部门和个人的具体活动所作的数量安排。战术预算与作业预算也可结合在一起统称战术预算或作业预算。战略预算与战术、作业预算之间各自独立又彼此相联系，共同构成预算的完整体系。战略预算对战术和作业预算具有指导和统驭作用，战术和作业预算从属于战略预算，通过战术和作业预算的实施可以保证战略预算的完成。

（三）专项预算与综合预算

专项预算与综合预算的划分是按预算的内容进行的。专项预算是指对组织内部职能部门或项目的活动所作的数量安排，如生产预算、销售预算、研究与开发预算和财务预算等。综合预算是指组织内部整体经营活动的总体数量预算，是由各种项目或部门预算集中组成的预算，这种预算通常称为总预算（Master Budget）或全面预算（Comprehensive Budget）。在专项预算的划分上也有些不同观点。如查尔斯·T. 霍格伦、斯里考特·M. 达塔尔等（2010）将总预算内的各种专项预算分为经营预算（Operating Budget）和财务预算（Financial Budget），其中经营预算包括收入预算、生产预算、生产成本预算、销售成本预算、研发设计成本预算、营销成本预算、分销成本预算和预算利润表等内容，财务预算包括资本支出预算、现金预算、预算资产负债表和预算现金流量表。我国一般将全面预算分为经营预算（也称为业务预算）、财务预算和专项预算，其中的财务预算包括现金预算、损益预算、资产负债表预算和现金流量表预算等，将资本预算（如厂房、机器设备等固定资产购置、扩建、更新和改造的预算）作为专项预算单独列出。在预算体系中，除财务预算以外的各种专项预算要根据企业管理要求和外部环境需求而增减合并设置，如根据外部环境管理的要求增加设置环境成本预算。除财务预算以外的各种预算最终都要集中以货币的形式反映在财务预算中。

（四）固定预算与弹性预算

固定预算与弹性预算是按编制时所依据的业务量是否变动划分的预算。固定预算，也称为静态预算，是按预计特定和不变的业务量编制的预算，在实际的预算执行期内不管业务量如何变动都不会对预算确定赖以存在的业务量产生影响。在预算执行期内，如果实际的业务量与预计业务量相比没有太大的变化，则实际数额与预算的数额之间就可以比较分析，否则可比性较差。

弹性预算法是美国通用汽车公司和吉列安全剃须刀公司等企业在 20 世纪 20 年代创造的预算方法。弹性预算是按预计变动的业务量编制的预算。在弹性预算下，可以按多种业务量编制预算，主要用来编制成本预算和利润预算。通常在编制弹性预算时要将成本分为固定成本与变动成本两个部分，确定固定成本预算和预算单位变动成本。在预算执行情况分析时，可直接根据实际业务量与预算单位变动成本计算确定以实际业务量为基础的变动成本预算，再加上固定成本预算，用固定与变动成本预算的合计数额与实际成本进行比较，使成本分析、评价和考核建立在可比的基础上。确定单位变动成本所选择的业务量应该与成本之间存在因果关系，这些业务量也称为产出量，包括产量、销售量、生产工人工时、机器工时、材料耗用数量等。在德国成本会计体系（GPK）中，强调资源成本与产出之间的因果关系，从而使预算的计算和成本的分配更加合理科学。另外还有修正的弹性预算——概率预算。它是通过对影响预算对象有关变量的预期概率编制的预算，充分考虑了预算期各种变量影响因素可能发生的情况，使所确定的预算更符合实际。

（五）有基预算与零基预算

有基预算与零基预算是按编制时是否有预算数额起点划分的。有基预算，亦称增量预算，是指预算编制时以上期实际发生数为基础，考虑预算期的具体情况加以增减调整所确定的预算。在这种预算下有可能使预算执行者在上一个预算执行期结束之前尽可能用完预

等。综合预算是指组织内部整体经营活动的总体数量预算，是由各种项目或部门预算集中组成的预算，这种预算通常称为总预算（Master Budget）或全面预算（Comprehensive Budget）。在专项预算的划分上也有些不同观点。如查尔斯·T. 霍格伦、斯里考特·M. 达塔尔等（2010）将总预算内的各种专项预算分为经营预算（Operating Budget）和财务预算（Financial Budget），其中经营预算包括收入预算、生产预算、生产成本预算、销售成本预算、研发设计成本预算、营销成本预算、分销成本预算和预算利润表等内容，财务预算包括资本支出预算、现金预算、预算资产负债表和预算现金流量表。我国一般将全面预算分为经营预算（也称为业务预算）、财务预算和专项预算，其中的财务预算包括现金预算、损益预算、资产负债表预算和现金流量表预算等，将资本预算（如厂房、机器设备等固定资产购置、扩建、更新和改造的预算）作为专项预算单独列出。在预算体系中，除财务预算以外的各种专项预算要根据企业管理要求和外部环境需求而增减合并设置，如根据外部环境管理的要求增加设置环境成本预算。除财务预算以外的各种预算最终都要集中以货币的形式反映在财务预算中。

（四）固定预算与弹性预算

固定预算与弹性预算是按编制时所依据的业务量是否变动划分的预算。固定预算，也称为静态预算，是按预计特定和不变的业务量编制的预算，在实际的预算执行期内不管业务量如何变动都不会对预算确定赖以存在的业务量产生影响。在预算执行期内，如果实际的业务量与预计业务量相比没有太大的变化，则实际数额与预算的数额之间就可以比较分析，否则可比性较差。

弹性预算法是美国通用汽车公司和吉列安全剃须刀公司等企业在 20 世纪 20 年代创造的预算方法。弹性预算是按预计变动的业务量编制的预算。在弹性预算下，可以按多种业务量编制预算，主要用来编制成本预算和利润预算。通常在编制弹性预算时要将成本分为固定成本与变动成本两个部分，确定固定成本预算和预算单位变动成本。在预算执行情况分析时，可直接根据实际业务量与预算单位变动成本计算确定以实际业务量为基础的变动成本预算，再加上固定成本预算，用固定与变动成本预算的合计数额与实际成本进行比较，使成本分析、评价和考核建立在可比的基础上。确定单位变动成本所选择的业务量应该与成本之间存在因果关系，这些业务量也称为产出量，包括产量、销售量、生产工人工时、机器工时、材料耗用数量等。在德国成本会计体系（GPK）中，强调资源成本与产出之间的因果关系，从而使预算的计算和成本的分配更加合理科学。另外还有修正的弹性预算——概率预算。它是通过对影响预算对象有关变量的预期概率编制的预算，充分考虑了预算期各种变量影响因素可能发生的情况，使所确定的预算更符合实际。

（五）有基预算与零基预算

有基预算与零基预算是按编制时是否有预算数额起点划分的。有基预算，亦称增量预算，是指预算编制时以上期实际发生数为基础，考虑预算期的具体情况加以增减调整所确定的预算。在这种预算下有可能使预算执行者在上一个预算执行期结束之前尽可能用完预

算的数量。零基预算是 20 世纪 60 年代在美国佐治亚州的政府预算中首次采用，20 世纪 70 年代美国的得克萨斯仪器公司开始采用。零基预算是在没有考虑上期实际发生数，直接根据预算期经营活动情况确定的预算。这种预算的编制可以消除上期非合理使用预算数的问题，但编制成本比有基预算编制成本要高。

（六）定期预算与滚动预算

定期预算与滚动预算的划分是根据编制预算的时期是否会移动进行的。定期预算指编制时所依据的预算期是不会变动的预算，如按日历年度编制的预算。滚动预算是指确定一定时期的预算后，在随时间推移和组织内外条件的变化而不断延伸向前并进行适时调整的预算。在滚动预算下，当执行完一个分期预算后就在总预算期后增加一个分期，使总分期数始终保持不变。这种预算主要适用于长期预算的管理。如果以年度预算为长期预算、以季度预算为中期预算和以月份预算为短期预算，采用这种预算形式是比较合适的。如四个季度预算，从第一季度开始编制，然后移动和调整。滚动预算提高了预算应对变化的内外部环境的能力，具有动态性，避免了预算的僵滞性。

（七）超越预算与非超越预算

在超越预算观点提出后，非超越预算就是指传统的预算。1998 年 1 月国际高级制造协会在当时有 55 个国家参加的"超越预算圆桌会议"（Beyond Budgeting Round Table, BBRT）的研究论坛上研究了传统预算存在的增加企业内部职能失调的诸多问题，认为需要放弃传统预算并开发一个新的管理方法，这种新的方法就是超越预算法。从 1970 年开始，一些知名企业已经不使用或部分使用传统预算，并获得成功，如 Svenska Handel Sbanken 银行（1970）用投入资本回报率、收入成本比和人均利润三个指标的平均数为指标，用分公司的业绩与这三个平均值比较，从而衡量和评价分公司业绩的优劣。杰里米·霍普（Jeremy Hope）、罗宾·弗雷泽（Robbin Fraser）和 BBRT（1997 年、2000 年、2001 年和 2003 年）先后在研究放弃采用传统预算企业的成功经验后，总结超越预算的系统构成、基本原理和建立模型的八个步骤，初步构建了超越预算的基础理论。

BBRT 的负责人杰里米·霍普和罗宾·弗雷泽将超越预算（Beyond Budget）的组织管理系统分为三个部分，即：（1）通过财务预测和计划设置短期财务业绩目标；（2）建立综合业绩评价系统，以减少在预算控制中人们操纵短期财务报告数据或预算数据的行为；（3）主要以相对标准为基础，运用标杆法对业绩水平进行奖励，而不像在传统预算中那样以既定的预算目标为依据，减少在预算编制中讨价还价的行为。他们还归纳了超越预算方法的应遵循的基本原理，即治理、业绩责任、分权授权、结构控制、系统协调、指导帮助、目标设定、评价和控制以及奖励和报酬。在业绩责任中，超越预算要求管理者对具有竞争性的结果负责，而不是对固定预算负责。BBRT 将开发的超越预算模型分为八个步骤，即：制定阶段目标、开发创新战略、论证所有资源、协调交叉领域、挑战所有成本、制定没有偏见的和准确的预测、使用先导性指标、应用同行压力进行激励。

从超越预算基础理论的有关内容上看，超越预算法，是以根据组织内外部情况（主要是市场因素）所确定的关键相对财务业绩指标为目标依据，通过分权和授权方式对经营活动进行管理的方法。超越预算具有与传统预算不同的主要特点，即：（1）取消全面、详细、烦琐的和主要是绝对数量指标的传统预算及其编制过程，改为应用价值基础管理、关键成功因素（CSF）和关键业绩指标（KPI）、滚动预算、平衡计分卡、标杆和准确预测等方法，根据内外部基准的比较，确定几个相对的和阶段性的财务业绩指标作为阶段目标，并以这几个业绩目标对企业内部各单位经营活动进行控制，相对业绩指标体系的建立是超越预算的一个很重要的特点；（2）主要运用标杆法，将各部门的实际业绩与目标业绩进行比较，衡量各部门业绩大小，以公司或部门的竞争业绩来实施奖励，这一奖励是在与外部同行业业绩比较和与内部其他部门业绩的比较中确定的；（3）采用分权团队管理方式。在超越预算下不将奖励与个人业绩挂钩，而是与分权管理的单位或组织的总体业绩相联系，体现团队的努力程度；（4）超越预算是一种超越传统的全面预算或总预算的预算，由于超越预算要确定短期目标，因此可以认为超越预算是只确定短期的关键相对业绩指标的预算（目标），应该视为一种新的预算形式。在实际应用中，可以将超越预算的合理因素，如相对业绩指标的确定、与同行业和内部有关部门进行行业业绩比较和奖励、分权下的团队努力等结合在预算管理中，使预算管理可以更好地发挥其控制的作用。

四、预算编制程序模式

预算编制程序模式包括自上而下、自下而上和上下结合的编制过程模式。自上而下的预算编制模式也称为强制式预算编制过程，是由企业上级管理者直接编制预算并向下级部门下达要求执行有关指标的编制预算过程。自下而上的预算编制程序，也称为参与式预算编制程序，是指由下级管理者参与预算指标的确定过程。自上而下的预算编制模式和自下而上的预算编制模式都具有一些优点和缺点。国内外学者对强制式模式和参与式模式曾有较多的争议。查尔斯·T. 霍格伦、斯里考特·M. 达塔尔等（2010）认为，下级管理者积极参与预算编制过程，预算才是最有效的。下级管理者参与预算编制增加了预算编制的可信度，对预算产生了更大的承诺和责任，但下级管理者参与预算编制可能产生预算松弛、讨价还价等问题。如何避免预算松弛和其他相关问题，国内外学者均对这些问题有相关研究。上下结合编制程序模式是由上级管理者与下级管理者结合编制预算程序模式。上下结合程序模式是一种比较理想的编制预算程序。我国财政部颁布的《关于企业实行财务预算管理的指导意见》中，要求按照"上下结合、分级编制、逐级汇总"的程序编制财务预算。

第二节　预算管理的研究情况

一、国外预算管理研究情况

（一）预算管理研究的调查

预算管理产生于 20 世纪 20 年代。长期以来，预算管理问题一直是管理会计研究的重要问题。就美国的预算管理研究情况看，在 20 世纪 20 年代经历了一个由注重政府预算研究转向注重企业预算研究的变化过程。在 20 世纪 20 年代后，有关预算研究兴趣一直没有减退，在各个时期的预算研究的文章几乎一直保持在总数的"10% 左右"。马凯特（Marquette）和弗莱施曼（Fleischman，1992）研究发现政府预算研究文章从 1920 年的 100 篇下降到 1921—1922 年的 50 篇，与此同时，企业预算的文章数从 12 篇增加到 140 篇；在 1923—1927 年间，这种变化更为突出，除了有 40 篇关于政府预算的文章，大约有 300 篇关于企业预算的文章。希尔兹（Shields，1997）在对 20 世纪 90 年代北美管理会计研究回顾时，在所评论的 152 篇论文中，预算管理研究的论文有 21 篇，占论文总数的 13.8%。斯卡彭斯（Scapens）和布罗姆维奇（Bromwich，2001）在英国管理会计研究杂志上 10 年内发表的有关预算管理的论文占发表论文总数的 13%。在研究方法上，伯恩贝格（Birnberg）等（1990）认为在进行预算研究时要将多种方法结合运用。从近年的国外预算研究情况看，实验研究和调查研究占有较大比例。霍恩仁（Horngren，2004）认为，在管理会计的研究中，"预算特别让我入迷，为什么？因为预算证明了管理会计的本质 —— 将会计和管理融为一体。没有什么其他管理会计的分支比预算能够更好地说明，会计如何与管理结合在一起，以及为什么行为科学能够在重要性上与经济学平起平坐。"

（二）预算管理实施的研究情况

预算管理在国外早在 20 世纪 20 年代就开始实施。在美国管理会计协会（IMA）和安永（Ernest&Young）的一份管理会计应用的调查报告中，组织调查的阿西斯·加斯（Ashishi Garth）、德巴西斯·戈什（Debashis Ghosh）和杰姆斯·胡迪克（Jarmes Hudick）等（2003）发现，在 180 份答卷中，有 75% 的公司采用了经营预算法（Operational Budgeting），有 65% 的公司采用了作业管理（ABM）预算和标准预算法（Std. Budget），有 61% 的公司采用了资本预算法（Capital Budgeting），可见预算方法在公司得到广泛采用，这也说明还有一些公司没有采用经营预算、作业管理预算法、标准预算法和资本预算法。

（三）主要预算管理问题的研究状况

1. 预算编制的参与预算和预算松弛问题的研究

参与性预算是下级管理者参与预算的编制过程。一般认为亚吉里斯（Argyris）是最早对参与性预算进行研究的学者。亚吉里斯（1952）在其《预算对人的影响》一书中，对参与性预算进行专门研究，该研究成果是在一项预算过程的实地调查基础上形成的。在该调查中，亚吉里斯发现预算完成的压力产生于种种行为，如下级的压力，因而极力推崇采用参与性预算。在预算编制中有下级管理者参与，有时候会因为下级管理者的行为导致预算松弛。希尔兹（Shields）和杨（Young，1993）对选择参与预算的原因进行了研究。J.F. 希尔兹（J.F.Shields）和M.D. 希尔兹（M.D.Shields，1998）研究发现参与原因在组织和个人（如满意度和压力感）的不同层面上发挥的作用不同。

预算松弛（budgetary slack）是因为预算编制中人为因素所发生的低估预算收入或高估成本使目标更容易达到的情况。有关预算松弛存在不利论、有利论、有利与不利并存论三种观点，如：贝克尔（Becker）和格林（Green，1962）认为，预算松弛会使下级很轻易完成预算和影响企业资源的分配（不利论）。昂西（Onsi，1973）通过实地研究认为预算松弛是管理者防御不确定性的工具，参与减少了导致防御和预算松弛的行为（有利论）。麦钱特（Merchant）和曼佐尼（Manzoni，1989）在调查研究后认为，松弛预算存在于大多数公司中，预算松弛可为经营环境的不确定性提供必要的缓冲，上级通过较容易实现的预算来提高利润预测能力和降低下级管理者不良行为的风险（有利论）。诺里亚（Nohria）和吉拉蒂（Gylati，1996）认为，"预算松弛既不是天生地对企业具有破坏作用，也不是防止失败、维持创新的良药"（有利与不利并存论）。查尔斯·T. 霍格伦（Charles T.Horngren）、斯里坎特·M. 达塔尔（Srikant M.Datar）等（2010）认为，"预算松弛为管理者提供了一道抵御意外不利情况的篱笆，但同时也掩盖了公司实际获利潜力，可能对最高管理层产生误导，这可能导致公司不同部门之间无效的资源计划、分配和协调"（有利与不利并存论）。有利与不利并存论既承认预算松弛有利，也认为有不利的情况。

如何避免不利的预算松弛是长期研究的问题。有关研究观点主要有：韦茨曼（M.L. Weitzman，1976）认为，上级通过改变某些预算参数及其相互间的数量搭配可以控制作为预算执行者的下级行为，无论下级的预算行为多么恶劣，那都是上级可设计的奖励制度有意无意让他们那样做。因此，有必要设计良好的奖励制度。克伦（Kren，1993）认为，上级对下级实际工作能力的了解程度有助于阻止下级经理将松弛引入。因此，要加强对下级工作的了解。查尔斯·T. 霍格伦、斯里坎特·M. 达塔尔等（2010）指出，可以使用多种指标评估管理业绩和让管理者定期了解他们的下属在干什么、定期与下属沟通和熟悉业务流程的方法来降低下属产生预算松弛的机会。关于预算松弛问题，有研究者以代理理论、组织行为学和社会心理学为基础对影响因素进行了研究。

2. 预算与经济后果问题和其他问题的研究

林德奎斯特（Lindquist，1995）就分配公平、过程公平和参照认知对满意和业绩的影响进行了检验。艾伯内西（Abernethy）和布朗内尔（Brownell，1999）研究发现，战略变化与业绩存在显著正相关关系，战略变化下的预算模式与业绩之间存在显著正相关关系。克林顿（Clinton）和亨顿（Hunton，2001）研究发现，组织业绩与参与需要和参与程度之间存在弱相关关系，参与适合度与组织业绩之间存在显著正相关关系，参与需要与可能之间差异越小越好。其他研究涉及的问题主要有预算紧控制（tight budgetary control）和预算松控制（loose budgetary control）、诊断控制和交互控制及权变选择，对传统预算的批评和对一些预算法（如零基预算与滚动预算、作业预算和价值链预算等）进行改进，对超越预算、平衡计分卡预算与作业预算结合等的研究。

二、我国预算管理研究情况

（一）预算管理研究的调查

我国与预算相关内容（定量计划部分）在 20 世纪 90 年代以前是从计划范畴上进行研究的，一般没有提到预算范畴，有关计划的范畴涉及固定资产折旧计划、成本计划、利润计划等，这些统称为财务计划的内容，构成了现在还出现在教科书中的综合经营计划的组成部分。现代企业综合经营计划包括生产计划、销售计划和财务计划等。从 20 世纪 80 年代开始引进管理会计的理论和知识，有了预算范畴的专门研究，并开始流行用预算范畴替代计划范畴。于增彪、袁光华和刘桂英等（2004）对 1995 年至 2004 年 5 月在我国《会计研究》杂志上发表的文章统计得到的结果是预算管理的论文有 6 篇，在《财务与会计》杂志上发表的论文有 17 篇。李志斌（2008）对 2001 年至 2005 年 6 月发表于《会计研究》《财会通讯》《财务与会计》三种期刊上有关预算管理研究的文章进行了统计，得出的结论是我国预算管理相关研究在数量上保持增长趋势，但总数量仍然不太多，只有 62 篇。在这 62 篇文章中研究的内容涉及预算管理现状、预算的起点、目标和松弛、集团预算、资本和财务预算、新型预算管理办法、预算控制、信息技术运用和其他内容；研究的方法有规范研究法、案例研究法和问卷调查法等，采用规范研究法研究的文章较多，占总数量的 77.42%，采用案例研究法的文章占总数量的 20.97%，采用实验研究法的文章几乎为零。杜容瑞、肖泽忠和周齐武（2009）根据 18 种核心期刊杂志上的论文，研究发现有关经营预算的论文在 1997—2001 年和 2002—2005 年分别为 8 篇和 36 篇，数量增加较多，学者的研究兴趣较高，研究规模较大；资本预算研究的文章增加的不太多，由第一阶段的 1 篇增加到第二阶段的 3 篇。孟焰、孙健、卢闯和刘俊勇（2014）根据 21 种主要杂志上的论文，研究发现有关经营预算的文章在 2005—2008 年、2009—2013 年分别为 9 篇和 10 篇，论文数量没有大的变动；有关资本预算研究的文章没有变动，第一阶段和第二阶段都只有 1 篇，表明我国学者对预算管理的研究趋于稳定，两个时期研究数量保持在管理会计研究文章总数量的 6%、接近 7% 的水平。在教学上，从 20 世纪 80 年代开始引进国外管理会计教材至今，在有关预算基本教学内容上变化不大。

（二）预算管理实施的调查研究

南京大学会计学系课题组（2001）对全国企业实行预算管理的现状和作用，进行了预算管理科学性的评价、预算编制工作的组织情况、预算编制的种类和方法、预算控制情况和预算调整情况五个方面的调查，得出绝大多数企业认为以销售预算为出发点的全面预算比以生产为导向的生产经营计划更为科学；总体看来设有负责预算编制工作组织的企业占57.1%；预算编制的内容存在差异和存在编制预算内容不全的情况，编制管理费用预算的企业最多，其次是销售预算，编制预计资产负债表、现金流量预算和资本支出预算的企业较少，有关投资活动的预算是中国企业目前的薄弱环节，也是我国企业预算管理亟需加强的领域；编制预算的出发点也存在差异，有 63.5% 的企业是以目标利润为编制预算的出发点，其后分别是销售量（55.6%）、产量（34.4%）和上级任务（20.6%）；77% 的企业由财务部门对预算控制，87.9% 的企业对预算基础进行执行情况分析；有 42.1% 的企业预算权集中在总经理层次，其后为总会计师、财务部门、计划部门、董事会和董事长、专门的预算机构。在该调查报告中还对其他相关问题的调查结论进行了说明。

于增彪、袁光华和刘桂英等（2004）在 2003 年初经过对 140 位 MBA 学员的问卷调查，得出我国有 95.8% 的企业单位已经实行预算管理。中国会计学会管理会计专业委员会（2008）认为，从 20 世纪 80 年代开始，我国国有企业实施了责任成本预算制度。20世纪 90 年代以来，随着我国集团公司的形成和发展，我国企业全面预算管理制度也逐步发展起来，出现了诸如中国石油（开始于 1994 年）、中国中化、中国外运、中兴通讯、石药集团等若干成功的案例。2008 年由财政部、证监会、审计署、银监会和保监会联合印发的《企业内部控制基本规范》第三十三条明确规定的"预算控制要求企业实施全面预算管理制度"，是全面预算管理制度化的具体表现。2011 年我国国资委在其发布的《进一步深化中央企业全面预算管理工作的通知》中，强调建立全面预算管理工作体系要坚持战略引领与价值导向，将预算管理与战略管理相联系，全面预算管理在我国中央企业得到推广。

（三）主要预算管理问题的研究状况

1. 预算目标、编制起点问题的研究

如何界定预算编制起点和预算目标是需要从理论上予以明确的问题。王彬和李苹莉（2001）认为，编制预算过程中最重要的前置工作是如何确定预算目标，企业预算目标的确定是一个讨价还价的过程，从根本上说都是公司股东、董事会、经营者等利益相互协调的过程，涉及股东的期望、董事会期望和总经理的期望。汤谷良（2004）从战略角度考虑，认为预算目标不可能是单一目标，否则无法协调资本预算、经营预算和财务预算三者之间的关系，要从持续增长、投资回报和风险控制等三个维度设置关键绩效指标（KPI）

作为预算目标。关于预算编制的起点，所研究的起点有生产、销售、利润、成本、现金流量和资本支出等。王斌（1999）认为，根据产品生命周期理论，可将预算管理分为四大模式，不同模式的起点不同，这四大模式分别是以资本预算为起点的企业初创期的预算管理模式、以销售为起点的企业增长期预算管理模式、以成本控制为起点的市场成熟期的预算管理模式和以现金流量为起点的衰退期的预算管理模式。前述南京大学课题组调查报告（2001）中阐明，"理论上讲，全面预算以目标利润为起点，从销售预算开始，编制各生产、费用预算。"从调查结果看，现在企业采用的预算编制起点有目标利润、销售量和上级任务。于增彪和梁文涛（2002）在界定以生产为起点和以销售为起点的两种传统预算编制所适用条件的同时，论证了以所有权与管理权分离为特征的现代公司应以每股收益或利润为起点编制预算的观点。

2. 参与预算与预算松弛问题研究

我国对参与预算和预算松弛问题的研究成果不多。张鸣和张美霞（1999）认为，强制性预算和参与性预算对人的行为因素做了不同的解释，强制性预算认为人的行为是反应式的、机械式的，参与性预算则认为人的行为是主动的、积极的；预算松弛直接影响到预算的有效性：过于宽松的预算难以激发企业的潜力，带来无效成本，为管理者提供了掩盖失误的弹性空间，妨碍查明预算差异的原因，影响到业绩评价的客观性；预算松弛的原因是目标不一致和利益冲突、信息不对称、规避不确定性带来的风险、防备上级的层层消减或层层加码；参与性预算导致预算松弛的根源不在参与本身，而在于企业的业绩评价制度。

3. 预算控制问题

汪家常、韩伟伟（2002）探讨了战略预算管理体系的构建及其产生新问题和处理方法等问题。于增彪、袁光华和刘桂英等（2004）研究发现我国企业预算实务上的主要问题是预算与战略、与奖励制度、与作为预算动因的非财务指标相脱节，预算徒有其名；认为应将中国集团公司预算管理系统分为产能导向、销售导向和利润导向三种模式，每一种模式中又包括五项内容。高晨、汤谷良（2007）认为可将预算、平衡计分卡、经济增加值、作业管理和超越预算等服务于组织控制的管理工具予以整合。白夏平、李世新（2011）认为，现有预算管理存在预算管理与战略相脱节、管理高层参与程度不够、基层员工的参与程度较低、预算管理机构不健全和预算管理各环节缺乏协调等问题。近年来，有关预算管理存在的问题和对策研究的文章发表在很多专业期刊上。

4. 超越预算和其他问题的研究

在21世纪初我国有不少学者对超越预算问题进行了研究，如冯巧根（2005）对超越预算的思想及其应用、超越预算存在的问题及改进策略进行了研究，冯雪莲、汤小青（2006）研究了传统的预算、改善的预算与超预算的协调功能问题，其他的诸如超越预算的激励机制或模式、对我国未来预算管理的启示和对预算改革的主要意义、应用模型等问题均有一定研究。其他研究问题有与预算管理相关的信息技术和基本作用等问题。

三、对国内外研究情况评述

1. 预算管理研究

从预算管理研究的调查研究情况看，国外从 20 世纪 20 年代就开始预算管理的研究，有关研究从以政府预算为重点转向以企业预算为重点，各个时期发表的预算管理的文章占发表的全部管理会计文章的 10% 左右，基本状况是稳定的，我国的研究在 20 世纪 90 年代前是计划范畴，之后是预算范畴，虽然在发表的管理会计文章中有关预算管理的文章所占总数不多，但在数量上呈现增长的趋势。随着对管理会计体系建设的深化，有关预算管理的研究还会呈现稳中有升的趋势。在研究方法上，虽然有学者认为在进行预算研究时要结合运用多种方法，但从近年的国外预算研究情况看，实证研究和调查研究占有较大比例；我国研究运用了规范研究法、案例研究法和问卷调查法等，采用规范研究法研究的文章占总数量的绝大比重，其次是采用案例研究法的文章，采用实证研究法的文章基本上没有。显然，今后我国学者在进行相关研究时有必要运用实证的方法，以弥补在研究方法运用上的不足。

2. 预算管理实施

从预算管理实施的调查研究看，国外有关预算管理的实施比较广泛，但也还存在一些企业没有采用预算管理方法，如美国的一些企业。国外已有企业采用了超越预算法并取得成功。我国大多数企业实施了预算管理，但所编制的预算并不全面，在预算编制的起点上还有一些不同的处理，近年来已有相关法规要求企业全面实施预算管理。

3. 参与预算编制

关于参与预算编制的原因研究，国外有不同层面上的参与原因的组织和个人（如满意度和压力感）发挥不同作用的认识，我国有研究者从人的行为因素解释参与性预算，认为参与性预算中人的行为是主动的、积极的。国外关于预算松弛存在不利论、有利论、有利与不利并存论三种观点，可通过设计的奖励制度和对下属工作的理解等方法来避免不利预算松弛的影响。我国的研究认为预算松弛直接影响到预算的有效性，分析了预算松弛的原因，并认为业绩评价制度的设计对预算松弛有影响。

4. 预算与经济后果

国外有较多关于预算与经济后果问题实证研究的文章，我国鲜见这方面的研究成果。国外还有对预算紧控制和预算松控制、诊断控制和交互控制及权变选择，对传统预算的批评和对一些预算法的改进、对超越预算、平衡计分卡预算与作业预算结合等的研究。我国比较重视对预算目标、编制起点问题的研究，也研究全面预算和超越预算和其他管理工具及其整合、现有预算管理中存在问题与对策等问题。国内外都有关于预算与其他管理工具的结合研究。今后我国有必要进行预算与经济后果以及预算控制等问题的深化研究，为预算管理的实施提供理论依据。

第三节　综合经营计划、全面预算和超越预算管理问题

一、综合经营计划问题的提出

从 20 世纪 20 年代开始至今，国外企业采用过和学术界研究过标准成本制度和预算成本控制制度、杜邦通用模式和全面预算管理方法，以及 20 世纪 80 年代兴起的超越预算、作业预算和改进预算等预算管理方法。在过去较长时期内（1978 年以前），我国企业的预算管理，是采用生产技术财务综合计划管理的方法进行的，其后实施责任成本管理制度，从 20 世纪 90 年代开始采用全面预算管理的方法（中国会计学会管理会计委员专业委员会，2008）。我国最近 10 来年，已有不少学者在继全面预算管理研究之后，开展了对超越预算管理问题的研究，取得了一些成果。在国内外关于全面预算管理和超越预算管理问题研究中，不少研究者指出现有全面预算管理存在诸多问题和主张彻底摒弃预算管理、采用超越预算管理方法。

现在的问题是，现行制度中规定要采用的全面预算管理制度与我国生产技术财务计划管理制度有什么不同？能不能将由国外引进的全面预算管理制度与我国本土传统的综合计划管理制度进行中外结合（这是第一个结合问题）？从战略上思考，如何正确认识全面预算与超越预算？这两种管理方法从战略控制上看又应该各归属于什么方法？应该如何正确认识目前全面预算管理制度存在的问题？能否将全面预算管理方法与超越预算管理方法相结合（这是第二个结合问题）？

当今企业实施全面预算管理制度时，似乎对生产技术财务计划制度有所冷落。一般认为，我国的生产技术财务计划，是企业全面安排本企业的生产经营活动的经营综合计划，按计划期的长短可分为长期（5—10 年）、中期（1—5 年）和近期（1 年以下）计划。近期计划包括年度、季度和月度计划。年度综合经营计划一般包括的内容较多，由多项专业计划所组成，有销售、生产、科研、供应、劳动、技术组织措施、成本、利润和财务计划等内容。张云亭（2003）认为，企业经营计划体系包括年度目标及财务、投资、融资、资本运营、营销、生产、原材料供应、成本费用、组织与人力资源、子公司经营计划等内容。一般认为，全面预算所包括的内容有业务预算（或经营预算，operational budget）、投资预算（investment budget）和财务预算（financial budget）三大预算，其中的业务预算包括生产预算在内。就经营综合计划与全面预算进行比较，两者的相同之处是计划与预算都是对未来经营活动的安排、都包括财务指标与非财务指标，都要根据战略分析确定经营目标；两者的不同之处是：计划包括定量和定性的内容，可以用数字和文字表达（如降低成本的措施计划），而预算只是定量的内容，只能用数字表达；经营计划

的内容大于预算的内容，预算只是经营计划的组成部分；在一些编制方法上有所不同，如成本计划与成本预算存在编制方法上的不同；计划是本土的管理方法，而全面预算是引进的管理方法。仅从定量上看，综合计划也是一种"预算"，而且是在非财务指标上多于现行全面预算内容的预算。

通过比较，笔者认为，可以将本土的综合经营计划与引进的全面预算相结合，再增加和调整有关内容，形成全新的"全面计划"或"总计划"管理体系。在全面计划管理体系的构建中，对具有相同内容的以财务预算为核心的预算编制方法与相应的计划编制方法相结合，也可由企业选择采用；可在综合计划有而全面预算没有的非财务计划的内容基础上，结合采用价值链分析和平衡计分卡分析方法，进一步确定关键表现领域或环节的计划，增加新的内容；还可在综合计划有而全面预算没有的定性计划内容的基础上，根据关键分析的方法，确定合适的定性计划，如产品创新计划或科研计划、营销组织计划和人力资源管理计划等，充实原有不完备的全面预算和经营综合计划的内容，以便更好地发挥计划在企业经营管理中的作用。从战略控制的层次上看，全面计划是集一年期以上的战略计划和一年以下的战术计划为一体的计划。

企业战略控制，是企业在战略目标引导下，通过实际结果与战略目标的比较，揭示存在的差异和存在的问题及责任，有针对性地采取措施及时进行调节的过程。从时间跨度和控制的条件上看，一般可将战略控制分为事前控制、事中控制和事后控制，对应的也可称为前馈控制、同期控制和反馈控制。关于战略控制的方法，威廉·G.奥奇（William G.Oachi）在1980年提出三种控制方法，即市场控制、行政官僚制控制和小团体控制，并认为这三种类型的控制或许会在一个组织中间出现。（1）市场控制（market control）是利用价格机制，以市场价格作为衡量依据，将公司的业绩与其他公司的业绩进行比较，确定差异和衡量业绩的。我国邯郸钢铁股份公司的内部模拟市场控制就是一种市场控制。（2）行政官僚制控制（bureaucratic control）是利用预算、计划、标准、规则、政策、制度、权威层级和其他组织机制，以各种组织行为的标准化作为衡量依据，将实际业绩与标准进行比较，确定差异和评估业绩的。这种控制强调企业的整体控制。（3）小团体控制（clan control）是以利用社会手段为主，以公司文化、共享的价值观、承诺、传统、信念等社会价值因素为衡量依据进行行为控制的。虽然在小团体控制中也采用规则和预算，但控制的依据主要还是上述的社会价值因素。这三种控制方法都可应用于企业整体和下属部门或单位，它们的不同之处是衡量的依据不同，这些依据分别是市场价值标准、综合价值标准和社会价值标准。因此，笔者认为，按衡量业绩标准不同，可将战略控制方法分为市场价值标准控制、综合价值标准控制和社会价值标准控制三种方法。

综合经营计划制度的衡量标准，是企业在对外部环境的利弊和内部条件的优劣、主观和客观因素等进行全面和综合分析后所确定的总战略目标，以及基于总战略目标而确定的具体目标。虽然在目标的确定上考虑了市场因素，但显然市场因素不是目标确定的唯一考虑因素。综合的经营目标是企业的价值目标。从目标的确定上看，包括全面预算在内的综合经营计划控制应该属于综合价值标准控制。超越预算（beyond budget），是基于对传统的预算管理的否定而提出的一种控制模式。在1970年瑞士亨道银行就采用过这种控制模式。在杰里米·霍普（Jeremy Hope）和罗宾·弗雷泽（Robin Fraser）将超越预算分为财务预测和计划、以综合指标为基础的业绩评价系统和以相对标准为基础的设计激励机制三个核心部分中，由于有关业绩指标是根据竞争对手的业绩（如市场的投资收益率）确定的，因此超越预算模式的评价标准具有市场性；又由于超越预算模式强调分权控制，在组织中替代正规的预算控制而形成了一种非正规的社会控制（如公司文化、社会观念和道德因素等），使超越预算模式具有社会价值标准控制（小团体控制）的特点。因此，可以将超越预算模式归于市场价值标准和社会价值标准相结合的控制模式。

二、综合价值标准控制的全面预算管理问题

（一）全面预算基本内容问题

为了论述的方便，以下将经营综合计划中涉及数量方面的内容均用"预算"一词来表述。在引进和目前要求采用的全面预算的基本理论内容中，财务预算包括现金、利润表和资产负债表预算，业务预算包括销售、生产、直接材料、直接人工、制造费用、产品成本、销售及管理费用预算、财务费用预算等，专项预算也称为专项决策预算，一般指的是投资预算或资本预算。全面预算是由一整套预计的财务报表和其他附表所组成，是以财务预算为中心、以财务指标为主的预算，非财务指标主要是产品品种、销售、生产产品的数量、材料单耗及人工小时。目前的全面预算体系并不完善，具体表现为：（1）非财务预算的内容很少；（2）从现有的全面预算基本理论内容上看，确实存在严重依赖财务预算的问题。笔者认为，可以结合经营综合预算，借鉴平衡计分卡方法，从价值链视角，增加一些非财务预算。所增加的非财务预算主要有科研预算、职工薪酬预算、技术组织措施预算、营销预算（包括不同地区的市场份额、顾客满意度等）、人力资源管理预算（包括人力资源的取得、开发、使用等预算）和应对大数据时代到来的全面信息系统建设预算等。这些非财务预算一般应是企业关键表现领域的预算。

（二）预算编制的起点问题

预算编制起点问题，是从引入全面预算至今我国学术界在认识上和实务界在处理上都存在差异的问题。学术界在预算编制的起点认识上有生产、销售、利润、成本、现金流和资本投入等多种不同起点的观点。在南京大学会计学系课题组 2001 年发表的调查报告中，显示企业预算编制所确定的出发点或起点有目标利润、销售量、产量、上级任务等。所谓编制预算的起点是预算编制开始的时间和项目。从全面预算的程序和涉及的内容上，编制的时间起点和项目起点应该是与不同时期战略控制层次相联系的经营目标。这里的经营目标不是笼统的经营目标，而是不同层次的经营目标。企业经营目标，是企业在对外部环境的利弊和内部环境的优劣以及企业主客观因素全面分析的基础上，确定的一定时期企业经营活动所期望达到的结果，是经营活动的出发点和归宿点。企业经营目标的作用表现为七

个方面：（1）凝聚企业的整体力量，使企业的经营活动在总的目标下系统进行；（2）确定企业的发展方向，从而减少经营管理的盲目性；（3）制定经营活动行动纲领，明确经营的基本步骤；（4）具体反映企业使命、发展战略和经营思想，使经营管理建立在超越企业的更宽泛的范围和更高的层次上；（5）评估和考核企业价值的基础，为企业一定时期的经营活动的价值提供评价和考核的标准或依据；（6）约束经营者的工作，防止经营活动的随意性；（7）奖励努力工作的经营者的依据，可以激励经营者取得好的经营业绩和保持企业处于好的经营状态。

企业经营目标可分为财务目标和非财务目标，也可分为定性目标和定量目标、中长期的战略目标和近期的战术目标。企业经营目标的设置不应过于偏重财务目标（如合理的利润和销售额的增长），还要考虑非财务目标。罗伯茨·卡普兰（Roberts Kaplan）和大卫·F.诺顿（David F.Norton）在1992年认为，公司意识到在竞争和快速变化环境中成功地进行组织控制，组织需要一个对财务和业务均衡方法的均衡观点。惠普公司的比尔·休利特（Bill Hewlett）认为，惠普公司从来没有把利润最大化作为他们的经营目标，但也从来没有把利润放在所有考虑问题之外。惠普公司将经营目标确定为培养、发展忠诚的客户，合理利润（超过行业平均水平），行业领导地位（保持在第一、第二位，并形成规模），持续增长（有动力和潜力），员工发展，团队领导力提升和社会责任等七大目标。也有研究者认为，战略目标包括利润、产品、市场、竞争、发展、职工福利和社会责任七个方面。笔者认为，基于战略控制的经营目标的设置，应该从交换价值与使用价值两个方面考虑，具体内容包括企业价值的增值（利润和销售额的增长、市场占有、品牌领先、顾客满意程度、竞争优势等）和员工及社会责任价值增加，这里涉及企业、员工及社会责任价值三个大的方面价值的增值，不只是利润和销售额增长。企业中长期战略目标决定企业在较长时期的发展方向，是中长期预算编制的起点；短期的执行性战术目标决定企业近期的经营方向，是近期预算编制的起点。

在编制具体预算时，要根据各种预算的内容，采用不同的方法确定预算的各个要素的数量。根据预算要素之间的数量关系，按经营目标的要求，企业编制某个预算时要先确定某个要素的数量，这个要素就成为编制该具体预算的起点或基础。在编制利润表预算和附表预算时，所选择的一定时期的生产、销售、利润、上级任务等指标作为编制预算的起点，是根据企业管理制度和市场状况决定的，编制的起点不能一概而论。当企业的经营任务是由上级部门下达时，就要根据下达任务编制销售预算；当供小于求时，企业以生产量为基础编制预算；当供大于求时，企业以销售量为基础编制预算。至于利润项目则已经包括在经营目标中，是总体预算编制的起点。在编制资产负债表预算时，是以期初数为编制基础或起点的。企业除了编制财务预算以经营目标为起点外，还要以经营目标为起点编制其他非财务预算。

（三）经营目标的确定原则与预算编制、执行、评价和调整或变革问题

确定作为全面预算编制起点的经营目标，要遵循以下九项基本原则：（1）目标分级原则：要将战略控制的经营目标分为长期、中期和近期目标，或战略目标和战术目标，以及

分为企业、下属部门和责任人目标，以便在编制中长期预算与近期预算、企业总体预算与下属部门和责任人预算时作为起点。（2）与企业内外部环境保持动态平衡原则：当环境发生变化时要及时调整经营目标，使经营目标能始终起到导向的作用和使评价标准保持合理性。（3）与企业使命保持一致原则：分级和分解的目标要始终与企业使命相联系，不脱离或不背离使命的要求。（4）注重定量确定原则：经营目标有定性与定量目标，在确定经营目标时应尽可能设置定量目标或通过定量方式来描述，使目标可计量，以充分发挥目标的价值评价和激励的作用。如确定一个年度的定性目标是实现合理利润，则定量的目标就是年度利润额达到多少，净资产利润率和总资产利润率达到多少。（5）时效性原则：合理确定经营目标完成的最后期限。（6）多样性原则：要从企业提供满足顾客需要的产品或服务和获得更多的利润上确定多种经营目标，财务目标与非财务目标要达到均衡。（7）综合平衡原则：经营目标要综合企业内外部环境因素，上下结合、充分论证、协商和综合平衡确定。乔治·奥迪奥恩（George S.Odiome，1965）认为，要实行"参与式管理"，即经过上下结合的方式反复协商、综合平衡定下来的目标更具有动员性和奖励性，有利于目标的实现。不过这种协商现在被人们认为容易产生讨价还价的问题。（8）客观性原则：要求所确定的目标要有一定的根据，如以市场公开披露的信息为依据，不是凭空设定，从而减少主观随意性，防止出现预算游戏（budget game）的情况。经营目标的客观性，将有助于确定客观的具体预算指标。（9）权变性原则：要求根据企业外部和内部环境可能发生的变化，准备应对特殊情况出现的备用或应变的目标。

预算管理涉及预算编制、执行、评价和调整的全过程。基于战略控制的事前预算管理所要确定的经营目标要建立在企业使命和所选择的战略基础之上，全面分析论证对预算形成有影响的企业外部和内部的各种关键因素，确保经营目标的客观性、适当性、可行性和激励性。从企业层面上看，确定经营目标要分析论证的外部和内部因素主要有外部行业水平和风险程度、竞争对手水平、宏观政治法律和经济以及社会状况、内部实现目标的能力、企业历史经营情况、中长期目标与短期目标的协调等。从企业下属部门和个人层面上看，确定的部门和个人经营目标要与企业目标相衔接。在确定经营目标时，要在分析论证的基础上，尽可能消除对目标实现有影响的不利因素。以经营目标为起点编制预算，就要求所编制的预算要能充分利用外部环境所给予的机会和化解外部环境可能带来的危机，使内部的优势能够得到充分发挥，劣势能够避免，与各项财务与非财务经营目标所确定的方向相符合；根据经营目标中的利润目标和其他财务目标以及非财务目标编制销售预算、生产成本预算、直接材料预算、直接人工成本预算和其他财务预算、产品质量预算、作业预算、研究和开发预算等财务与非财务预算，使财务目标和预算与非财务目标和预算相平衡，经过目标和预算的分解，使长期目标和预算与短期目标和预算相平衡，企业内部条件与外部环境相平衡。在编制的预算中，由库柏·莱布兰德·德勤（Coopers Lybrand Deloitte）提出的作业预算（Activity-Based Budget，ABB）是对组织预期作业的数量表达，反映完成战略目标所需进行的各项工作及相应的各种财务、非财务资源需求，同时还反映为提高业绩所做的各种改进（罗伯特·拉克林 Robert Rachlin，1999），是将作业类型、数量和成本这些非财务指标与财务指标集为一体的预算。

传统的预算管理一般被认为是闭环管理或控制系统。传统的预算管理是包括经营目标设定、预算编制、实际结果与预算数据的比较、反馈等四个阶段，这种闭环管理系统的特点是确定被控制对象的实际值，将实际值反馈送来与设定的预算值之间进行比较，对所形成的偏差进行控制，使偏差缩小或消除，达到实际值与预算值相一致的目的。闭环预算控制的关键在于反馈。这种反馈控制体现在预算的事中和事后控制中。这种控制系统的不足之处是由于信息反馈较迟导致控制不及时和系统内各个环节因为控制不当所导致的系统崩溃，在对投资预算进行管理时更显得反馈迟缓。由于预算的设定所依据的环境是相对稳定的，预算值是相对不变的，以便实际值与预算值进行比较，因而这种预算控制是相对静态的控制，适用于环境相对稳定的公司。

基于现代战略控制的预算管理是开环控制与闭环控制相结合的动态控制系统。开环的预算控制，是不需要对实际值进行计量，只衡量经营目标和预算输入值并对它们进行控制，考虑影响经营目标和预算确定所依据的各种环境因素的变化，根据变化情况比较新的测算值与原测算值之间的差异，及早改变经营目标和预算值，始终以适时的预算值对经营活动进行控制，具有控制及时的优点。由于要考虑环境因素的变化，在开环控制中就要求企业持续监控各种环境因素的状况。开环预算控制的关键就在于前馈。这种前馈控制体现在预算的事前控制上。开环预算控制的不足之处是只考虑输入最大值，不考虑输出值，不揭示和消除偏差。将闭环与开环控制相结合，可以充分发挥预算的控制作用。在大数据时代，企业可以借助互联网，建立专门的信息处理系统，对环境进行全面监控，及时发现环境的变化，确保前馈控制的顺利实施。

关于预算管理中采用的编制方法，目前涉及的有固定预算法、弹性预算法、概率预算、增量预算法、零基预算法、定期预算法、滚动预算法，以及我国企业实践中采用的试算平衡基础法、加权平均定额成本法和成本核算过程法等。各种方法都有其特点和利弊，将各种方法结合运用方可充分发挥各种方法的作用。这里有引起我们思考的问题，即：在建设具有中国特色的管理会计理论体系（包括预算管理理论体系在内）的过程中，我国研究者做出了哪些贡献？过去的一些管理方法是否应保留？笔者认为，在预算编制方法的选择采用上，企业一方面要积极采用国外一些先进的方法，另一方面也不放弃在我国本土采用的一些行之有效的编制方法，这些本土的方法也是我国研究者在具有中国特色管理会计理论体系建设中所做的贡献。

实施基于战略控制的预算管理需要克服存在的各种障碍。P. 洛朗奇（P. Lorange）和D. C. 墨菲（D. C. Murphy，1984）将战略控制过程中的障碍大致分为三类，即体系障碍、行为障碍和政治障碍。根据预算管理实际工作中反映出的问题，从理论上进行分析归纳，笔者认为，我国企业在预算的执行、评价和调整或变革过程中存在五个方面需要克服的主要障碍，即：作用认识障碍、主体组织障碍、各方利益障碍、信息输出障碍和调整变革障碍。（1）对于作用认识障碍：企业上下层次经营管理者能否正确认识预算管理的作用，直接关系到预算管理的成败。现代企业预算管理是企业战略管理的组成部分，其作用在于保证战略目标的实现、合理和科学分配资源、协调和组织企业内部经营活动、计量实际输出值、评价和考核出现的偏差、调整或变革经营管理。由于预算管理覆盖企业经营活动的方方面面，需要各有关单位和个人积极配合，企业内任何一个单位或个人对预算管理的作用没有认识到位，都会在一定程度上影响企业预算管理的有效实施。（2）对于主体组织障碍：由于预算管理涉及财务与非财务资源，又事关战略实施，需要有一个企业高层和综合性的权威部门进行统一组织，也需要将预算指标通过分解和归口的方法划归有关部门、不同经营阶段的有关下属单位和个人，还需要有保证预算有效实施的监督部门，各级管理者应具有预算管理的职责和权限。如果预算管理的职权分配不合理和组织工作不扎实、不完备和不沟通，就将会影响预算管理的有效实施。（3）对于各方利益障碍：由于预算管理要根据实际值与预算值的比较来决定对相关单位和个人的奖励，涉及各有关方面的利益多少。在利益分配上如何做到公平、公正和公开，是预算管理必须解决的主要问题。（4）对于信息输出障碍：为了保证输出实际值的客观、准确和有效，需要建立和健全信息处理系统，防止各种干扰输出值和虚假信息（如报喜不报忧的信息）产生的行为发生。（5）对于调整变革障碍：企业根据实际值与预算值的偏差及时调整或变革经营目标和预算值、制度、经营过程、经营组织和经营方向等。在调整或变革中，如何根据偏差、外部环境、内部过程、组织结构、调整或变革的阻力和习惯因素等的变化，进行应对性的经营管理调整或变革，是预算管理中需高度关注的问题。

三、超越预算管理问题

（一）传统预算管理存在问题的分析

超越预算管理是在针对传统的全面预算管理存在的问题的基础上提出的。不少研究者认为，传统预算管理存在的主要问题有预算对经营管理好坏影响不大、管理层对预算不感兴趣或不重视、预算对管理者有太多束缚、编制预算费时和成本高、企业内外部环境因素变化太大对业绩有影响，以及编制预算的主观性强、缺乏柔性、内向性而不是市场导向、没有与战略相联系及预算松弛、预算编制和执行结果容易被人为操纵等等。对有关研究者所指出的一些问题，实际上在预算管理的改进和完善过程中已在一定程度上得到解决，如预算与战略脱节和内向性的问题；有的问题即使在超越预算管理下也会存在，如实际业绩的计量也有可能存在人为操纵的问题，这一问题并非传统的全面预算管理所独有。

笔者认为，有关传统预算管理存在的主要问题可以从以下几个方面认识，即：预算编制有主观成分、难以适应市场变化和缺乏灵活性、相对综合业绩指标的缺乏和与业绩评价体系基本上没有直接的联系、业绩考核激励不够科学和合理。（1）预算编制有主观成分：传统预算的确定具有综合性的特点，要考虑编制预算时的内外部环境（包括市场因素在内），经过组织上下协商确定，有客观性内容，也会受到主观因素的影响（如讨价还价因素），其客观程度比单纯以市场数据为标准要差一些。（2）难以适应市场变化和缺乏灵活性：传统预算管理强调预算的稳定性，当企业面临科技进步较快和消费需求变化较快等多变的外部环境时就显得难以适应；在外部环境多变时，原编制的预算无法起到稳定的控制依据的作用，也无法较好地适应环境变化，没有灵活性。（3）相对综合业绩指标的缺乏和与业绩评价体系基本上没有直接的联系：从现有的全面预算基本理论上看，所编制的预算中反映经营业绩的指标主要是利润额和销售额，其他相对的综合业绩指标和非财务业绩指标没有直接反映，与业绩评价体系基本上没有直接的联系，不利于企业对综合业绩进行全面的预算管理。（4）业绩考核激励不够科学和合理：由于传统预算管理在业绩衡量上所确定的预算是相对不变和存在一定的人为操纵可能性，特别是在环境多变的情况下，业绩评价与激励显得不够科学和合理，而超越预算以公司或部门的实际市场竞争业绩指标为相对依据，运用标杆法实施奖励，更具有科学性和合理性。

解决传统预算管理存在的主要问题的对策有：（1）编制预算时要将市场因素与企业条件密切结合，尽可能消除主观因素的影响。（2）采用滚动预算法和多种应对措施，在预算执行一段时间后可根据外部环境的变化修订计划，使计划能很好地适应外部环境变化和具有一定的灵活性。（3）尽快制定相对综合业绩指标和与业绩评价体系保持直接联系的预算管理机制，以便企业对综合业绩进行全面的预算管理。（4）可考虑结合采用超越预算方法，以公司或部门的实际市场竞争业绩指标为相对依据，运用标杆法实施奖励，减少人为操纵因素，使业绩衡量能在一定程度上随外部环境变化而变动。

（二）超越预算与战略控制方法、全面计划

超越预算的提出试图超越传统预算而采取不编制预算的方式进行经营活动的控制。从超越预算的核心内容上看，超越预算仍然要进行财务预测和计划，确定财务业绩和设置财务业绩目标。因此，可以说超越预算还是一种预算，这种预算既有财务业绩预算，也有非财务业绩预算的内容，是以滚动和最近的预测为基础，不断进行调整的预算。超越预算与全面预算在一个企业中是否可以结合运用？关于适用范围，有观点认为，超越预算管理适用于产品寿命周期较短、产品更新换代较快、市场动荡和科技进步较快等环境多变的企业或组织。尽管超越预算管理有许多优点，但我国有较多观点认为我国目前还不具备广泛运用超越预算管理的条件。从超越预算的核心内容、与现有业绩评价体系相匹配、战略控制方法体系和全面计划体系上看，笔者认为，一般的企业也是可以采用超越预算管理方法的。其理由是：（1）按照超越预算管理方法提出者所阐述的核心内容，企业可以采用滚动预测方法对近期的财务和非财务业绩进行预测与计划（即使外部环境变化不大也可对近期业绩进行预测和计划），并设定业绩目标；建立综合业绩评价体系；以竞争对手的相对标准为基础运用标杆法进行奖励。这种方法的基本原理对任何企业都是适用的。（2）超越预算管理所建立的综合业绩评价体系与现有业绩评价体系相一致，通过预测确定近期和与市场保持一致的计划值，解决过去在进行业绩评价时缺乏明确的比较标准值的问题。（3）充分发挥战略控制的市场价值标准控制法、综合价值控制法和社会价值控制法的作用，将分权控制与集权控制相结合，自主管理与集中管理相结合。预算管理与超越预算管理可以同时在一个企业出现。超越预算的市场价值是市场竞争对手的业绩值，如销售额和投资收益率等。（4）完善全面计划的内容。超越预算可单独编制，也可与现有的全面预算体系相结合，在现有全面预算内容的基础上增加综合业绩指标，弥补现有预算管理的不足，完善计划管理的内容。

第八章
管理会计信息化未来发展趋势

大数据、云计算、人工智能、区块链、虚拟现实和虚拟增强等新兴技术，正在引发新的科技革命和行业革命。会计的理论和管理方式都将在新技术的推动下不断演化。5G等越来越多新技术的普及，也给管理会计信息化系统的建设提供了新的方向。

第一节　新技术的出现对管理会计信息化发展的影响

2020年3月4日，中共中央政治局常务委员会召开会议，提出加快建设新型基础设施，即"新基建"，指与科技相关的基础设施，包括5G基建、特高压、人工智能、大数据中心、工业互联网、新能源汽车充电桩、城际高速铁路和轨道交通七大领域。这一国家部署，预示着我国将在不久的将来围绕这七个领域进行新的变革，带动科技和产业新一轮的革命。新技术的发展也会给财务工作带来一定的影响（表8-1）。

表8-1　新技术目前及未来2—3年对财务工作影响占比表

新技术	目前对财务工作影响占比	未来2~3年对财务工作影响占比
高级分析	68%	86%
云计算	54%	70%
移动技术和应用	47%	70%
协作与社交技术	28%	54%
认知计算	24%	49%
机器人流程自动化	20%	43%

新技术	目前对财务工作影响占比	未来 2~3 年对财务工作影响占比
区块链	14%	30%
自主流程自动化	12%	40%

一、人工智能为管理会计发展创造新机遇

　　管理会计的职能实质上是对企业过去经营状况进行分析，掌握企业现有情况并对未来进行规划。现代企业必须要有一套财务控制基本方法以及现代企业管理的基本理论。管理会计的工作内容是决策研究和过程管控，因此通常对财务指标的核算都会滞后于财务会计。而资本市场对企业财务指标的变化敏感度极高，使得企业在管理过程中更多地倾向于依赖财务会计，这对管理会计在企业中的地位和发展都有着不小的影响。随着人工智能等信息技术和会计领域的融合，与财务核算方面有关的很多任务都已经能交给信息化系统自动完成，而且速度和精确性也能得到保障。人工智能等技术与会计信息化系统的结合，解决了管理会计在核算方面的滞后性，无疑为管理会计在企业中的发展创造了新的机遇。

　　1. 提升工作效率的同时推动管理会计的广泛应用

　　人工智能的特点是高精确性、高效率和无人工干涉的自动操作性，这将提高企业的工作效率。人工智能技术在财务核算、单据审查和基础审计等基本会计工作中取代了人工操纵，使得现代企业对财务、管理和税务等基本类别的会计人员需求降低，在会计人员上投入的成本减少。人工智能技术的引入，使得人为因素对会计信息的影响大幅度降低，进一步优化了企业会计信息化系统。人工智能降低了会计费用，提高了会计信息的时效性，为管理会计的发展奠定了基础，为管理会计的战略决策提供了巨大的帮助，使得管理会计成为企业财会体系中不可缺少的一个重要分支。

　　2. 促进管理会计向智能化转型

　　随着人工智能技术引入管理会计信息化系统中，企业的管理会计将向智能化转型，从而大大提高企业的核心竞争力。管理会计的智能化转型，可以提高企业的财务信息处理速度，并使财务信息以图形的方式呈现在管理层面前，有利于管理层做出及时、准确的决策。会计信息共享是建设智能化会计信息系统的一个重要目标，它可以深入优化财务指标体系，同时为管理会计决策研究提供坚实的支撑。通过智能化会计信息系统的建设，以及与各种财务信息指标共享验证，不仅能使管理会计更精确地分析各种指标，还能对目前的分析体系有不同程度的优化。人工智能技术的引入在加快企业会计信息化转型的过程中，促进了管理会计向智能化转型，加强了管理会计在企业中的作用。

　　3. 取代基层会计人员的工作，推动人才向管理转型

　　人工智能的应用取代了以前需要人工处理和重复的会计工作，基本财务核算、单据审查、财税计划等工作可以通过人工智能系统自动完成。会计智能化的推进让基层会计人员

面临着巨大挑战，因为他们所做的工作有可能会被人工智能系统取代。因此，在会计智能化转型的过程下，初级和中级会计人员将逐步转向管理会计，成为集财务、管理、经营等职能于一身的综合性会计人员，这也为管理会计的发展奠定了人才储备的基础。

二、大数据引领财务升级

1. 报表更加立体

在企业经营的过程中，有一个比较常见的痛点是，在转换过程中某一环节的数据通过率较低，但难以找到可以解决的方法。一般可行的方法是对数据进行精确分解，从不同维度观察数据，发现问题所在。通过大数据分析技术，可以从多个维度对一个信息进行标记，从而发现数据背后隐藏的关系，实现报表的自由组合，使得形成的报表更加立体。

2. 预测更加精确

预测的重要性对于现代企业经营来说是不言而喻的，它体现在对未来的判断和决策上。移动互联网、物联网的发展让数据的收集量、范围、频率都大幅增加，从而使企业找到数据分析的某种规律，再通过规律对未来进行预测。传统预测管理侧重于生产环节，对客户和市场的预判的关注度不够，无法适应供大于求的新状态，而利用当下所产生的内外部数据资源，再结合大数据分析技术进行预测，可以形成精准的动态预测模型。

3. 风险控制更加严密

传统的风险控制与监控主要依靠人工从不同的系统中采集数据样本进行分析，其数据统计过程较为缓慢，并且不能进行连续性的采集，对于事前预防、事中跟踪和事后分析的决策支撑作用非常有限。现在通过大数据分析打通了业务系统，使系统能进行自动化的数据采集，并通过反复的试验和优化建立大数据风险防控模型。该模型再根据不同的预警阈值，及时对各业务上的风险点进行监控和筛查。

4. 客户管理更加精细

企业未来的发展很大一部分都是为了满足客户的不同需求。企业为了更好地满足客户的需求，需要根据消费者的不同特点提供更多个性化的产品和更优质的服务。这样就必须建立更详细的客户档案，从而实现更加精准的客户营销。结合客户关系管理（CRM）系统中的 RFM 模型，从客户的购买频率、购买数量和购买架构等几个维度，将客户分为几个不同等级：VIP 客户、普通客户、潜在客户及挽留客户等。企业通过大数据建立客户模型，对客户进行动态管理，预测客户下一次购买的时间，掌握潜在客户的流失情况，为挽留客户进行促销等，从而提高客户管理的精确性和时效性。结合外部接入的互联网数据，企业可以建立更加详细的客户画像和卡片，分析客户的喜好，实现精细化的客户管理和差异化的营销方案。

三、5G移动互联网技术对管理会计的影响

1. 提升管理会计的工作效率

在5G技术的加持下，企业管理会计人员通过移动互联网可以随时随地处理相关的财务工作，不再受到地域、设备和网络的限制，从而保证了信息处理的及时性，提升了企业管理会计工作的效率，对企业的发展和经营有更积极的意义。

2. 促进会计职能的转变

移动通信技术进入5G时代，物联网和工业互联网相继出现，物与物之间的数据不通过人就可以直接传递，降低了人为因素带来的不确定性，提高了数据传递的速度和准确性，会计核算过程也变得更加简单与高效，无须人工参与。在此前提下，以基本核算为主要职能的初中级会计在企业中的地位变得越来越低，迫使会计在职人员和预备人员不得不向管理方面转型。市场根据企业的需求也会更加侧重于对管理会计的培训，使管理会计人员成为未来市场的主要培养对象。

3. 对管理模式提出了更高的要求

在传统企业中，只要有会计信息化系统和管理会计人员，就可以开展管理会计工作了，对其他方面的需求并不高，但当接入移动互联网时，管理会计的工作就变得比较复杂。除了专用电脑和相应的会计信息化系统之外，企业还需要有专用手机APP。只有这样，会计人员才能更好地利用现有的技术优势，随时随地开展会计工作，提高企业的会计质量，为企业发展打下基础。

4. 对财务人员的素质要求提高

一个行业的发展，离不开持续不断的新鲜血液的注入。当下的高校毕业生对技术的热情和掌握能力是前所未有的。正因如此，在职的财会人员面临着巨大的压力，他们为了能在企业中提高自己的竞争力，会主动进行自我提升，提高业务能力和加强对新技术的学习，这对企业的发展起到了积极的作用。

四、云计算对管理会计信息化的影响

近年来，云计算技术的出现和快速发展影响了IT技术的发展，对会计信息化系统的深度和广度也产生了重大的影响。

1. 拓宽数据来源渠道

云计算服务的出现，为企业财务管理提供了新的方式和工具，从而促进了财务职能的转换。云计算服务拓宽了财务数据的来源渠道，基于云计算的财务共享服务，为财务转型助力。云计算允许管理会计从银行、证券交易所和税务等机构获取数据，从而拓宽会计信息的来源渠道。过去，管理会计的数据主要来源于企业内部，如企业自身的资产负债表、

利润表、现金流量表等，而现在通过互联网和云计算，企业可以获取大量的外部数据，这些数据有利于企业做出更加可靠的决策。

2. 降低管理信息化投入成本

云计算提供了三种服务：基础架构即服务（Infrastructure as a Service，IaaS）、平台即服务（Platform as a Service，PaaS）、软件即服务（Software as a Service，SaaS）。其中 SaaS 服务是三种云服务中运用最广泛的。软件供应商不再出售软件，而是将软件部署在自己的云平台上，广大用户以租赁的方式通过互联网进行使用。用户不再需要购置硬件设备和聘用维护人员，降低了管理成本和投入成本。由于是以租赁的方式获取服务，因此用户可以根据自己的实际情况分期付款，不用一次性投入大量资金，也降低了资金投入的风险。

3. 有助于财务决策

随着互联网、移动互联网、物联网和信息共享的出现，企业可以获得范围更大、粒度更小的外部数据。通过挖掘和分析相关数据，企业可以从中发现数据之间的稀疏价值，为企业的决策提供帮助。在大数据时代，企业需要从杂乱无章的海量数据中获取对自身有价值的数据，以此提高企业竞争力。数据分析得越全面，挖掘得越彻底，就越能帮助企业进行运营和决策。但是如果企业自己去搭建数据分析平台，成本会很高，耗时长，效果也不会非常明显，而基于云计算的管理会计信息化服务（一般都具备数据挖掘和分析的功能，也经过了多数企业的验证，并在使用过程中不断升级），可为企业提供更加可靠的财务决策信息。

五、区块链对管理会计信息化的影响

随着区块链技术的发展，它不可避免地会渗透到金融领域，这将对大数据的应用和维护产生巨大的影响和挑战，对传统会计行业也会产生影响。因此，企业有必要充分掌握区块链技术的特点，为会计信息数据的安全性提供有益的支持和思路，以更好地提高企业会计管理的质量和效率。

1. 提升会计信息质量

区块链技术的机制，确保了存储在区块链中数据的安全性和可靠性，避免了数据造假和被篡改的风险，有效杜绝了人为因素的干扰和影响，提高了会计信息的质量。同时，区块链中的所有数据都具备完整的行为记录，可以被追溯，有利于审计机构对会计信息进行监督、查询和跟踪。区块链技术有效地过滤了重复数据信息，也避免了全民参与记账可能出现的错误、漏失等问题。

2. 提升业务处理效率

区块链技术在会计中的应用可以提高会计处理业务的效率。会计信息化系统进行数据连接后，再通过区块链及时对会计资料进行自动识别、计量、记录和存储，能够有效提高会计综合平台的信息认证效率。同时，区块链技术在会计中的应用也可以转化为自动审查的证据链，实现全覆盖远程审计。

以审查为例。一般情况下，在审查企业资产负债表时，如果一些项目金额与生产和运营活动所花费的金额不符，则应对其进行重点审查，从总账科目追踪到原始凭证，并在必要的时候进行验证，结合常用账户、存货、固定资产和其他资产之间的对应关系，确定该报表的真实性。另外，由于发行公司的时间和操作问题，一些凭单和信件会有各种问题。因此，审查不仅成本高，而且消耗大量人力。采用区块链技术，这些凭证和票据可以以电子形式保存，但不能由其中一方修改，形成自动审查的证据链，提高审计效率。

3. 有效降低业务成本

企业在进行兼并收购时会遇到很多问题，财务上的合并往往非常复杂，将耗费大量时间和成本。如果前期工作做得不充分，在并购完成后，财务管理上往往会出现诸多问题。财务合并可以充分展现区块链数据的可追溯性、分散性和信息不可被篡改等优点。

4. 促进管理会计的发展

基于密码技术产生的分布式账本具有大量交易信息，可以实现对基本财务资讯的实时管理，有效促进会计活动与业务活动之间的有机联系和融合，促进管理会计信息化体系的建设，使管理会计在横向和纵向上都能取得重大突破。

第二节　新技术下管理会计信息化面临的挑战

当新概念或新技术出现时，人们往往有这样的习惯：高估它在短期内所发挥的作用，而又低估它在长期内会造成的影响。对于推新派来说，新概念或新技术优于旧概念或旧技术，新的会替代或颠覆现有的一切；而对于固守派来说，旧概念或旧技术更加稳定，新的只是昙花一现。事实上，这两种认识都不完全正确，技术和概念都是通过实践逐步发展的，使用新技术必然会创造新的机遇，但也会带来新的风险。

技术的快速发展给管理会计信息化带来了巨大的创新潜力，能够提高效率和降低成本，促进管理会计的发展。虽然好处很明显，但是我们也要看到挑战，不能认为这些技术带来好处是理所当然的事情。为了享受新技术带来的好处，首先需要对这些新技术树立信心，其次需要各方的参与和介入，包括政府、企业和个人。

一、对 IT 基础设施的挑战

大数据、云计算等技术在给管理会计信息化带来极大便利的同时，也带来了新的挑战。首先是 IT 基础设施，就拿大数据来说，利用大数据获取有用信息的重要前提是对数据的采集和分析，这需要从诸多不同形态的数据中寻找关联和规律，与以往只需要设备支持数据流转不同。因此，为了享受新技术带来的利益和好处，相关的 IT 基础设施需要升级。由于大数据分析涉及大规模计算和储存，因此通过传统的方式构建数据中心比较困难。

二、对数据隐私的挑战

无论是使用本地应用还是采用云计算服务，保护数据的隐私都是非常重要的。随着信息化的发展，企业已经习惯将文件柜中纸质文件内容转移到计算机的硬盘上。当越来越多的用户将数据从传统个人电脑或者企业级的服务器平台转移到第三方的云计算数据服务平台时，数据的隐私问题就变得越来越突出，尤其是与企业财务相关的数据。

数据存储位置的变化将带来两个方面的问题。一方面是企业和云计算服务提供商之间的问题，虽然数据的来源是企业，但是由于存储在第三方公司的服务器中，那么就会产生诸如服务商会对这些数据做什么，服务商会不会泄露数据等问题。对于想将业务转移到云平台上的企业来说，这些是最常见的疑虑。同样，移动互联网能提高办公效率，移动互联网与企业服务器进行对接，可以实现随时随地移动化办公。这时候，部分数据不仅存放于企业服务器，还存放于个人的手机中。那么手机中的数据会不会因为个人原因泄露而让企业蒙受损失？另一方面是司法关系变得复杂。如果数据存放在企业的服务器中，任何人访问都需要一定的权限，若数据丢失或被盗取，那么由企业自身负责。但是，当数据存储在云平台时，并没有明确的法律规定服务方或政府不能随意查看这些数据。

这些都将是未来管理会计信息化升级需要考虑的。

三、对安全性的挑战

企业要建立共享数据中心，就要将分散的业务资料进行统一和集中。数据中心包含了企业大量的业务和财务信息，更容易引来非法分子的攻击和入侵。这些袭击可能源于网络，也可能是物理攻击。因此，数据中心应采取非常全面的安全措施，同时制定相应的规章制度，监管与数据中心直接接触的相关人员。企业工作人员的安全意识也非常关键，需要有针对性地定期对员工进行安全意识培训。虽然能通过各种技术，甚至相应的法律法规来保障数据的安全性，但是数据最终的安全很大程度是掌握在系统使用者手中。这就像虽然汽车提供了安全带作为保护工具，但是最终的安全还是掌握在驾驶者手中。

四、数据主权挑战

在互联网世界，数据从一个平台流转到另一个平台，从一个系统流转到另一个系统是非常容易的。企业既是数据的制造者，也是数据的使用者，对于国际化的企业来说，数据的流转就是跨国界的流动。假设某企业在 A 国和 B 国都建有数据中心，最后通过云服务将两国的数据汇总后存储在 C 国的数据中心，如果出现法律纠纷，那么非常现实的问题是，到底该参照哪个国家的法律和制度。

随着大数据产业的蓬勃发展，数据作为一种资产越来越被重视，但目前尚未形成一个完善的对数据进行确权的机制。因此，如何对数据进行确权也成为近年来学者们关注的焦点之一。2017 年，郭兵主要针对国内数据产权模糊、数据管理不统一以及开放流通困难等现象提出"个人数据银行"的概念。通过对特定机构的数据进行收集、整理和清洗，实现数据所有权和使用权的分离，从而让数据资产化和商品化，但是这一举措并没有从根本上解决数据确权的问题。

区块链应用的兴起，从侧面证明了以前数据确权的进程很慢，并受限于数据确权的制度和工具。区块链之所以成为一个具有新价值的新技术，不仅仅是因为区块链改变了传统的中心化工作方式，更因为它在不可信的环境下建立了一种新的可信交易框架，天然地实现了数据确权和安全存储。传统模式是通过个人或企业本身确权并存储数据，因此必须通过第三方服务平台登记我们自己的数据，并进行交易。而利用区块链技术，数据不再通过第三方就可以完成确权和交易。

五、对财务信息化人才的挑战

信息化技术和人才是推动企业财务转型的两大关键因素。之前的调研数据显示，在各大企业中，有将近三分之二的财务高管认为信息化技术会直接影响财务工作的各个方面，超过半数的受访者意识到各自企业中缺乏应用信息化技术的财务信息化人才。在受访的企业中，仅有 20% 的企业财务人员在日常工作中会将一半的时间用于数据分析和预测工作。

随着信息化技术的不断发展，传统基础性的财务工作将逐渐实现自动化和智能化，管理型财务专家、数据分析专家将成为企业需要的人才。

第三节 企业管理会计信息化的措施

经过多年的发展和在各个行业中的应用，云计算、大数据、人工智能、区块链等大数据时代下的新兴技术已经日益成熟，并衍生出新的产业和模式。这些新技术也能与管理会计信息化结合，使企业管理会计发生质的变化，从而提高办公效率，降低企业成本，提高预测准确性。但是，企业是否已经完全准备好迎接这些新技术了呢？答案是没有。在特殊的场景下，新技术的运用可能还存在一些问题，但是随着技术的不断成熟，加之企业的不断实践，新技术一定能在未来的管理会计信息化中起到促进作用。

一、改善信息化基础设施

1. 增加虚拟化投资并进行技术储备

在计算机科技领域，虚拟化是指将计算机构实际资源，如计算资源、网络资源和存储资源进行抽象或分离。具体来说，这些计算机资源包括服务器的硬盘大小、内存容量、CPU 核数、网络带宽、操作系统等。所谓抽象，是指把多个分散的资源整合起来，形成类似计算机群或独立磁盘冗余阵列（RAID）等的虚拟单元，抽象化的好处在于将服务器资源简化。所谓分离，是指降低单台计算机资源的耦合度，把一个资源分割成多个使用。通过对计算机虚拟化，企业可以 PaaS 层的方式对有服务器的坏境进行改造。对于已经建立了信息化系统的企业来说，要对现有硬件基础设施进行改造，这在短期内非常困难，因为会涉及系统的迁移和备份等。但对于硬件环境复杂且资源利用率低的企业来说，虚拟化的好处无疑是巨大的。这些企业可以开始着手储备一些虚拟化项目所需的技术，一步步进行虚拟化改造。

企业通过对计算机进行虚拟化，可以解决一些系统运行中将面临的现实问题，例如通过整合服务器来降低数据中心能耗，或缓解数据中心空间增长的压力等。Kroll Factual Data 是美国的一家金融信息服务公司，其采用虚拟化方案对原有的数据中心进行虚拟化改造，最终虚拟化程度达到 85%。该企业利用虚拟网络技术，将每个数据中心的 650 个物理服务器进行合并后整合成 22 个新的物理虚拟服务器，每台新的物理虚拟服务器最多可以同时运行 30 个新的虚拟机。这个虚拟化项目实施完成后，最大的好处就是可以节省 90% 的电费，并且能快速地测试和上线新产品。

2. 采用标准化和可扩展的硬件设备

标准化的硬件在过去几十年中取得了长足进展，基于 X86 体系结构的服务器的性能和可靠性都很高，可以与过去的传统高端服务器竞争。采购标准化服务器可以选择不同的供应商。X86 服务器相对于传统高端服务器来说，性价比极高，因此越来越多的企业开始使用 X86 服务器。目前越来越多服务器的可靠性可以依靠软件来保障，而不再像以前那样必须依靠物理硬件。利用标准化的服务器建立平台，是目前互联网企业最普遍的做法，而且越来越多的传统企业在逐渐采用标准化硬件设备。采用标准化硬件设备的另一个原因是，主流虚拟网络技术是基于 X86 体系结构的。虚拟化就是要构建一个大的共享资源池，以提高资源的利用率，最理想的情况就是硬件设备也是基于同样的架构来构建的。若硬件设备架构不统一，那么可能会遇到诸多问题，从而形成一个个相互不兼容的"硬件孤岛"，这样就失去了虚拟化的意义。

二、优化信息化服务流程

随着技术的进步和商业分工的细化，企业各个业务系统间的数据能实现实时互通。企业内部系统就像神经网络一样，业务数据能够在不同的系统间流动和传递，并能在事件发生的第一时间快速响应。企业信息系统的优化，对企业内部的信息化服务流程提出了更高的要求，信息化服务流程必须和这种快速响应式的业务特点相匹配，才能使其发挥作用。事实上，新技术和新服务的出现已经给企业信息化服务流程带来了变化。例如，企业采用面向服务架构（Service-Oriented Architecture，SOA）的思想来构建自身的信息化系统，这会给信息化服务和企业业务的结合方式带来一定的改变，信息化响应服务的能力也会得到提升。同样，如果采用虚拟网络技术对企业的基础设施进行改造，那么也会改变企业业务流程。传统方式下对物理服务器的申请，都要先经过逐级审批，再进行采购，然后部署，到实际能使用这些服务器资源，需要经历一个漫长的流程。而如果采用虚拟化的方式，申请服务器就相对简单了，信息化服务流程将大大缩短。新技术的引入给企业带来了新的信息化服务模型，将改变企业信息化服务流程。企业可以以技术变革为契机，优化和调整信息化服务流程。

三、构建基于新技术的管理会计信息化系统

在大数据时代，管理会计信息化转型是企业和管理会计发展的基础，也是实现企业现代化管理的重要内容之一。企业要在大数据技术的基础上，对会计信息的管理进行创新建设，使会计信息的处理和分析更加高效和精确。同时，利用区块链技术，可以有效保证财务数据的真实性、可靠性和可追溯性，这强化了会计监督的智能性，避免了徇私舞弊的现象，能让企业的利益得到充分的保障，从而实现更加长远的发展。管理会计信息化系统为企业的经济活动提供数据依据，帮助企业管理层良好管控公司的经营情况，同时规避相应的风险。通过云计算，可以对各地的数据中心进行集中式管理，利用云计算的弹性扩展、按需分配等特性，还可以有效地节省企业在硬件上的开支，同时可将分散的数据集中，从而提高数据的安全性和有效性。

四、完善管理会计信息安全保障机制

随着新技术的不断推广，传统工作方式将发生很大的变化，管理会计将在企业发展中发挥重要作用，相关的管理制度和体系也将不断完善。建设新的会计信息化系统，企业需要结合实际情况，同时确定完善的监管机制，针对相关问题进行分析，全面改革管理会计及其相关业务工作流程，适应信息化系统带来的变革。大数据时代强调数据的共享，因此对信息的安全保护也十分重要。企业要不断完善信息安全保障机制，同时加强成本管控，提高内部员工在会计工作中的参与度。通过提高员工在实际工作中的参与度，使员工的职业素养得到提升，从而使全体员工在思想和行为方面形成统一。

五、加强管理会计人才综合能力的培养

新的时代、新的环境、新的技术在促进管理会计发展的同时，势必对管理会计从业人员的综合能力提出更高的要求。就我国当前的人力资源状况而言，企业管理会计人才的缺口仍然较大，新技术的拓展和应用对管理会计人员提出了更高的要求。

企业为了缓解管理会计人才需求紧张的趋势，除了进行社会招聘外，也要培养在职人员，并建立相应的绩效考核制度，鼓励和督促员工自我学习，从内部培养具有潜力的会计人才。

企业除了建立以数据科学、机器学习、机器流程自动化、区块链等新兴技术为基础的会计信息化平台外，还需要建立知识型、敏捷型、创新型、协作型的团队，采用新的财务工作方式，促进企业财务的转型。

第四节　智能会计信息化

在大数据背景下，企业必须转型，不能适应这种环境变化的企业的路将越来越难走。信息化平台的建设，将企业与外部紧密相连，能够使内部快速反应协调，及时满足客户需求。信息技术和互联网的发展，使得企业管理人员的财务理念需要不断更新。会计在完成基础核算工作的同时，需要更好地为业务提供支持，为业务人员服务。智能化的会计信息系为"新时代"的会计人服务，也为企业的管理者提供更多有价值的信息。会计决策支持系统的建立是时代发展的趋势，也是企业发展全方位智能信息系统的基础。企业智能化分析工具的引入取得了较好的效果，作为信息化浪潮下的会计人，角色正在朝着企业价值的整合者、发掘者方向转型。现代企业对会计的要求越来越高，不仅是核算员，更是企业运营、战略制定的有力支撑者。这一角色的转变，已经远远超出了传统意义上的会计能力范畴，借助于智能化信息系统的建设，使得这一转变成为可能。

一、大数据时代向智慧企业的转型

智能化会计信息系统的建设是智慧企业的一个组成部分。未来的企业发展必将向着智慧化转型。在智慧化的企业里，采用先进的智能制造技术、通过传感器实现信息的实时收集与反馈，信息技术与企业管理融为一体。然而，智慧型企业建设不是一蹴而就的，而是一个逐步发展、逐步建设的过程。在现阶段，需要抓住重点业务，促进重点业务的数字化整合和改造。为了避免跨度太大，出现不适应的情况，在这个过程中需要逐步进行过渡。尽量保持企业现有的组织结构，逐渐显现出以数据为基础对业务进行管理的优势，在组织内实现对智能信息系统建设的认同。当企业逐渐适应数字化管理体系之后，应打通各层级、各职能部门的业务数据，借助于全方位的数据信息，实现对研发、设计、生产、销

售、服务等各项业务的数据集成，形成智能化决策支持、服务体系。作为集团企业，在向智慧型企业转型过程中，一方面具有资金实力雄厚的优势，另一方面因为规模庞大，业务复杂，也有一定的优势。为了更好地转型，企业可以采取以下措施。

一是从企业文化入手，建立企业智慧型发展的价值理念。从机制和组织建设上对此予以重视。通过企业文化引领，将智能化、数字化的思维融入企业发展战略，可以与智慧型企业建设的供应商建立合作关系，定期选派业务骨干到这些企业学习，建立先进的思维理念，企业内部要搭建知识分享平台，让所有人员切实感受到智能化平台给企业管理带来的影响。

二是在战略高度确定企业向智慧型企业转型的整体目标，将会计信息系统的智能化作为其中的重要组成部分。从战略高度认识信息作为资源所带来的价值。在管理模式上，从定性、模糊管理向定量、精准式管理进行转型。实现管理创新、设计、生产制造创新、销售方式、理念创新等、切实发挥智慧型企业的价值创造能力和竞争能力。紧密结合国家发展政策、通过申请专项资金补贴的形式降低成本。

三是做好智慧化转型的技术支持。企业信息系统的架构、信息系统的技术标准需要统一布局、合理规划，避免出现信息系统各自为政、重复建设的情况。对于关键信息系统基础设施，要注意做好选型、建设以及维护工作，节约信息系统的建设投入成本。建立基于网络的数据安全管理系统，加强系统稳定性的维护。在信息管理方面，制定标准化管理制度和规范。建立信息化系统的后续优化方案，对信息系统进行不断迭代和优化。信息化系统的建设要与企业的发展紧密配合，在注重效益的同时也要结合企业的现实状况，找到企业信息化建设的薄弱点，通过整体规划，分阶段实施的方式逐渐进行。在信息化系统供应商的选择方面要选择实力雄厚、能力突出、服务周到的供应商，供应商的选择对信息系统的建设至关重要。需对企业的内外部资源进行合理的整合，促进企业各部门的协同创新。与高校、政府部门建立合作伙伴关系。结合企业的软硬件系统，建立基于信息生命周期的管理体系，通过工作流程的制度化加强信息系统的可执行性。在做好垂直管理层面的信息沟通的同时、加强各职能配门之间的信息沟通，促进员工对信息系统的深入理解。随着企业的组织结构向扁平化的发展，信息系统的组织构建也要与此相适应。企业智慧信息系统的核心目标应该是支持经营管理、服务、战略制定与实施提供支撑。在智慧化信息系统里，信息部门的职能需要细化，信息系统管理职能可以划分为四个方面；一是信息系统的项目管理；二是系统的运营和维护；三是系统开发；四是信息系统的规划与安全管理。在这四项管理中，信息安全组织架构、安全措施需要企业特别予以关注。信息系统的安全性是信息技术应用的基本要求。对于集团企业，在新的信息技术的应用方面、技术文档、技术迭代方面需要提前做好规划。可以在日常运营中，采用虚拟技术，模拟企业面临的特殊情况，以便做好应对。集团要统一建立数据中心。实现整个集团数据的实时动态反映。通过信息系统，能够准确及时地体现集团的资金流。物流、信息流、人员流，通过基础数据的及时反映，为决策提供支持。要做到这一点，需要统一规划，从集团层面对关键数据标准进行设计，尤其是编码方面要做到统一规划，实现底层数据的对接，打通数据链，让企业的物流信息、生产信息、销售信息等保持联通。为了智慧企业的顺利建设与实施，要建立智慧文档与模型，对全体员工进行信息培训。使得基层员工对信息系统也能有深入的认识。认识到数据的重要性。通过激励制度发挥员工的积极性，形成全员参与的局面。智慧企业的建设绝不能仅仅依靠信息部门的推动开展工作。作为信息管理部门，要承担起组织牵头的作用，制定较为完善的信息技术宣传学习计划。对于引入的新的技术与软件，在制定需求阶段，就要重视交互设计的重要性。软件产品的功能设计应该与用户已经形成的行为习惯保持一致，使得企业的会计人员既能对业务有深入的认识，又能理解会计对业务的影响，能够熟练自如地使用数据分析工具。需要搭建一个企业内部人员与软件开发企业随时沟通交流的平台，切实解决用户使用中的"痛点"，通过使用者和供应商的沟通协调，找出软件研发的关键点，从而对产品及时进行改进和创新。为了方便用户尽快上手、软件开发企业需要针对不同使用者制作演示视频、操作指南等工具，提高相关人员的应用能力。

在大数据背景下，管理会计与信息化相结合是大势所趋。通过商务智能技术，数据仓库可以将企业的财务、业务、预算等数据进行整合，通过预先设定好的工具，对企业的数据进行全方位的梳理，通过 OLAP 技术可以将信息切边、切块、钻取等，从而可以从多个视角对数据信息进行分析，找出数据间的相关关系。通过数据挖掘技术的应用，可以实现对数据进行分类排序、偏差分析等。运用机器学习技术，将企业获取的大量数据转化为决策参考数据。智能化会计信息系统的建立、增强了企业数据创造价值的能力，通过对数据的分析，管理层能够更加深入地对企业的情况有所认识，也使会计人员的角色实现质的转变。

信息化浪潮席卷了我们生活的方方面面，整个社会正在向智慧化转型。作为新时代的企业，如果不能顺应时代潮流，抓住信息化发展带来的机遇与挑战，必将被社会淘汰。对会计人员来说，需要做好知识储备、以全新的视角对智能化、知识化进行认识。运用数据思维重新理解会计、认识会计。现代社会，网络空间与现实空间的融合越来越深入，物质与数据都是创造价值的重要资源。网络拉近了传统与现代、本地与全球的距离，也使社会面貌、竞争环境呈现新的特点。在新的商业环境下，数据就是力量，网络环境中掌握的话语权、控制权、关注度在现实社会中都会产生巨大的影响。对企业来说，需要具备这种信息敏感性，建立信息化发展战略，重视数据对会计学科的影响，培养适应新环境的会计人。

二、智能会计信息系统构建的保障措施

（一）技术保障

大数据、智慧化、移动端、云端这些信息技术的应用对会计发展产生了重要影响。随着信息技术的发展，我们注意到，会计所面临的局限正在打破，对现代企业来说，仅反映货币信息的会计难以满足企业管理的需求，收集数据的手段正越来越向自动化方向发展，

原来由于受成本的制约难以收集、难以及时及映的数据正变得越来越容易获得。面对源源不断的数据，决策者的需求已经远远超出了传统会计的信息加工能力。财务机器人的出现对会计人员带来了前所未有的挑战。会计人员的危机感越来越强烈，这种危机感本质在于源数据的多样性，在于传统会计工作的单一性。作为应对，需要结合会计基本理论、基于大数据理论重新考虑会计信息系统的构建。智能会计的建设，结合了机器和人的优势，二者互为补充，结合起来必能发挥巨大的作用。

作为信息技术下的会计，传统职能需要拓展和延伸。在反映企业经济活动信息的时候，向着立体化、动态化、过程化方面转型。为了实现这一目标，只有结合智能化的会计信息系统这一目标才有可能实现。

会计在从原始凭证向记账凭证转化的过程中，固然体现了重要的经济信息，但也失去了能反映经济业务全貌的一些其他信息。受制于传统的记录手段，会计不得不这样进行处理。有了现代化的信息收集与处理技术之后，需要对原始凭证进行扫描、系统自动将所有信息记录下来、并实现对原始凭证所有信息的分类与整理，这样才能满足支持决策的需要。因此，作为会计人员，思维方式需要跳出以往的局限性，从只关心经济数据向关心业务数据、关心非财务数据方面转变。面对数据的汪洋大海，没有清晰的分析思路，难以完成会计工作。因此，未来对财务人员来说，需要重视数据思维能力的培养。

（二）企业价值创造需要大数据与会计相结合

散乱无序的数据并不能创造价值。为了真正发挥数据的作用。首先需要将企业经营过程进行量化，然后通过分析工具洞察数据背后的规律。通过可视化等方法将分析结果以通俗易懂的方式展现出来，最后通过团队协作，形成对集体有用的信息。通过信息支持决策，能够提高企业的竞争能力，最大化地为企业创造价值。从业务和战略两个方面入手看信息的需求，可以看到，通过会计与业务数据的深入融合为数据创造价值提供了机会。在信息环境已经发生大的变化的情况下，会计信息系统必须尽快与大数据相结合。将非结构化数据引入会计信息系统中，将以前漏斗式的信息处理方法转变为"广口式"。宽进复出的数据处理方式，实现对业务的全方位反映。

会计信息的智能化需要平台进行整合和重构。对会计信息系统进行智能化改造，可以根据业务特点采用不同的解决方法。对现有的会计业务管理系统可以进行集成整合，既从会计视角也从业务视角对业务的全貌进行反映，使得业务和财务能够更好地进行融合。在数据输入源方面，通过对原始单据进行影像扫描、传感器提取、影响加标签、发票收据电子化等手段实现自动记账功能，源数据在满足会计核算的同时，需要进一步考虑对数据的管理分类问题，强调从分散的信息到数据库的转变，从而为后续的系统提供智能化解决方案打下基础。对于会计信息系统的其他方面则需要进行重构。在用户和信息系统之间，语音识别、图像识别、可视化技术等能够使得信息更好地进行沟通和交流，应积极予以采用，通过实时推送和移动端满足管理人员随时随地的信息需求。在信息化时代，知识管理是企业管理的重点。在企业内部提倡团队合作，知识共享；对于会计决策系统考虑使用虚拟现实增强技术，使得决策者有身临其境的感觉；通过模型对不同决策的结果进行推演；

通过模拟驾驶舱技术，管理者不断对接收到的信息进行反馈。随着5G技术的不断成熟、虚拟现实技术的不断发展，智能化的会计信息系统将成为辅助企业管理的有效工具。

（三）智慧会计的未来发展

对会计人员来说，需要尽快转变思想，不应该将智能化信息系统看成是未来工作的竞争者，而应该更多地考虑如何让其成为开展工作的得力助手。会计信息系统的智能化没有人的参与难以发挥其中的作用。在信息化平台的应用中，人类扮演着不可替代的角色，机器可以提高工作效率，可以自我学习，但离开了人类的参与，只能是思维不够成熟的机器。通过信息平台，会计人员能够更加快捷地获取有用的信息，提取知识，通过人机结合，智慧会计将是未来的发展目标。想象力、感知力都是人类特有的重要素质。通过人机交互平台。财务人员将具备更加敏锐的感知力、业务财务更具有协同性，对数字信息的分析更具有精准性。会计人员的角色转变将经历从运算员到数据工作者到知识工作者到智慧会计人员再到企业管理人员的转变。在这个过程中会计人员的思想也必然面临转变的问题。由一开始的消极被动到不得不学习成长到主动吸收新的知识，不断成长，不断自我完善。会计信息的反馈从被动滞后到主动预测、具有前瞻性，为企业的发展引路导航，会计人员在企业里扮演的角色从仅仅提供信息到提供解决方案，实现价值创造。会计人员在工作能力上也将发生转变，从仅仅对财务数据进行采集分类汇总到对各类数据进行深度挖掘分析，对软件的使用从需要专门的技术到简单易用、交互反馈，工作方式上从必须要在办公场所办公，到通过移动端随时随地接入系统对工作可以进行处理。

对会计信息系统智能化的研究，无论是在实务的应用方面还是在理论研究方面，无论是国内的软件开发企业还是国际知名的信息系统开发企业，都经历了从仅仅解决会计核算问题到业务财务一体化融合再到智能化会计信息系统开发研究。会计信息系统的智能化需要与企业的实践紧密结合，为会计更好地适应时代的变革指明了道路。信息技术的发展日新月异，曾经会计信息化引领了企业信息化发展的潮流，然而，在技术的推动下，如果不能及时跟上时代的步伐，会计将无法满足企业需求，从而被企业淘汰。作为新时代的会计人员，对数据分析工具的应用已成为基本要求，而对反映企业方方面面活动的数据，从数据到知识，从知识到智慧，借助于信息化平台，既能满足决策管理者的需要，也让会计人员的事业得以拓展，使会计焕发出新的活力。借助于信息化平台，不仅提升了会计人员的思维、更提升了会计工作的内容。目前，企业管理领域正全面向信息化转型。作为企业管理信息系统的一个组成部分，会计信息系统必须借助大数据理论，为企业创造更大的价值。从实践领域来看，电子影像、电子发票、电子签名等信息化凭证的使用已经越来越普及，以往需要借助于专门的设备才能实现的纸质凭据电子化，现在仅凭一部智能手机就能完成，数据正越来越多地挣脱纸质单据的束缚，方便快捷地在网络中流通，获取数据的门槛也越来速低，信息的公开透明度越来越高。因此，基于这些背景，大数据与会计相结合是必然趋势。由于一些技术的发展还不够成熟，本书的研究也仅仅是针对大数据背景下会计信息系统智能化，涵盖的范围十分有限，对于技术层的探究相对来说比较薄弱。一些观点可能有些肤浅，但通过本书的探索，拓展了现有的研究领域。随着大数据技术以及5G

技术的发展，一些技术层面的壁垒将被逐渐打破，对海量的信息进行分析将越来越普及，这些都将对会计领域产生深远的影响。顺应时代潮流，研究会计的转型与应对，无论是对理论工作者还是实践工作者都具有重要的意义。

三、大数据背景下会计人才培养模式的转型

在大数据背景下，会计人才培养模式亟待转型。例如像腾讯、阿里巴巴等一些互联网公司在招聘会计人员的要求中都提到了除了专业知识以外，还需要应聘者具有数据分析、数据挖掘的能力、掌握一门或几门数据分析语言、会编程等。

作为应对，国内外高校纷纷采取了一些改革措施。在专业设置方面，开设了商业分析、商务智能、MBA（大数据分析方向）等专业方向。这些专业要求学生具备扎实的统计学、数学和计算机编程的专业背景，培养目标是让学生的高校背景知识与数据科学、行业分析和大数据相结合，从而解决企业管理中的实践和技术问题。从课程内容上看，课程内容主要围绕商业预测、管理建模、金融统计等内容展开，机器学习、智能化供应链管理是各高校开设较多的课程。必修课程里除了传统的商科课程以外，很多课程引入了较多的数据分析类科目，例如数据可视化、商务智能、数据挖掘、数据建模与决策等。通过这些课程的开设，既培养学生通过数据分析提出创造性的解决方案，以适应业务环境的快速变化，又使得学生能够结合最新的信息技术提高决策能力与组织效率。

国内的一些高校在商科领域近年来设置了一些与大数据相关的课程或者研究中心，但从发展情况来看，国内各高校在大数据领域的教育仍然处在一个探索阶段。一些高校的大数据课程正在展开，还有一些高校还处于课程筹备阶段，短期内对这种人才培养模式的效果难以衡量。从大数据人才培养的路径来看，主要有三种情况；一是以统计学专业课程为核心进行拓展；二是以计算机专业课程为核心；三是以本学科的知识为核心，增加若干门与大数据分析相关的课程。三种方法各有利弊：①以统计学专业课程为核心更加注重数据挖掘、数据分析和建模技术。把统计和计算机学科的交叉部分作为核心内容，有别于一般的统计课程或者计算机课程，课程的设置均以大教据为背景。例如大数据统计。大数据计算机基础等。②以计算机科学为核心的大数据专业，课程体系中除了计算机专业课程以外，课程内容还涵盖了大数据基础、集成、存储、建模和管理等多个方面，并将数据可视化技术、商务智能技术等列入课程中。③以商科知识为核心，将大数据作为细分方向。这类专业课程设置方面，由于相对前两种路径，学生的统计学、计算机知识要薄弱一些，所以培养重点放在学生对数据平台的应用方面，通过熟练掌握开发较为成熟的大数据工具软件，为企业提供决策方案。课程设置特点是相对于原有的商科专业学生，课程内容增加了与统计、大数据相关课程比重，对商科本身的课时选行了压缩，课程内容有大数据案例分析、数据挖掘、多元统计分析案例等专业课程。

从人才需求情况来看，对于具有商科背景同时具备大数据分析能力的人才的需求呈现供不应求的情况，由于国内开设大数据项目的高校不多，能与商科知识较好地融合将会是未来人才培养的大趋势。

如何将二者有机融合呢？笔者认为可以从以下三个方面入手。首先，各高校要结合实际情况制定本校商科专业大数据的培养目标。不同类型的大数据人才培养项目课程差异较大，因此应致力本校学生的毕业定位，明确培养目标后结合该目标进行课程规划与设置。在课程总量不变的情况下如何加大数据课程的内容、如何处理原有专业课和大数据课程之间的关系都是需要慎重考虑的问题。

其次，可以考虑以业务为导向，在专业设置时增加大数据专业方向。国内高校将统计、计算机专业和数据分析相结合的比较多，立足于专业特点开展大数据人才培养的相对还比较少，数据挖掘方向的会计人才很是稀缺，市场需求旺盛。这将是未来会计人才培养的大趋势。

最后，在大数据人才的培养方式上，除了在现有课程体系中增加相应的课程，还可以考虑以大数据证书的形式培养学生的知识能力。证书类培养方式具有学习时间灵活，学习时间短，见效较快的优势。对于已经具有财务理论基础，又具有一定经验的专业人士，通过大数据证书类的学习能够快速掌握相关技能，满足市场对这类人才的需求。证书类的学习与认证，可以和课堂内容学习取长补短，互为补充。

[1] 史山兰，电子商务下的企业财务管理创新 [J]. 合作经济与科技，2015(13).

[2] 王薇. 浅谈电子商务环境下的网络财务管理 [J]. 财会研究，2011(1).

[3] 王玉平，佟丽娜，互联网环境下财务管理模式的变革 [J]. 中国证券期货，2013(7).

[4] 钱玲玲. 电子商务环境下的财务管理研究 [D]. 武汉：华中师范大学，2014.

[5] 张馨月，"互联网 +"财务管理模式创新探析 [J]. 西部财会，2016(1).

[6] 城田真琴. 大数据的冲击 [M]. 北京：人民邮电出版社，2013.

[7] 李心合. 信息化与财务流程再造 [J]. 财务与会计：理财版，2008(2).

[8] 王舰. 大数据时代会计数据变革迫在眉睫 [N]. 中国会计报，2015-01-30.

[9] 于海怡，王迪. 电子商务环境下企业财务管理创新研究 [J]. 商场现代化，2015(7).

[10] 杰伊·利博维茨. 大数据与商业分析 [M1. 刘斌，曲文波，林建忠，等，译，北京：清华大学出版社．2015.

[11] 李艳玲. 大数据分析驱动企业商业模式的创新研究 [J]. 哈尔滨师范大学社会科学学报，2014(1)：55-59.

[12] 李云亮，高肇坤，论基于财务战略的财务管理流程体系构建 [J]. 财会研究，2011(14)：41-44.

[13] 彭超然. 大数据时代下会计信息化的风险因素及防范措施 [J]. 财政研究，2014(4)：73-76.

[14] 秦荣生. 大数据时代的会计、审计发展趋势 [J]. 会计之友，2014(32)：81-84.

[15] 宋彪，朱建明，李煦，基于大数据的企业财务预警研究 [J]. 中央财经大学学报，2015(6)：55-64.

[16] 汤谷良，张守文. 大数据背景下企业财务管理的挑战与变革 [J]. 财务研究，2015(1)：59-64.